シェルターからコックピットへ

飛び立つ
スキマの設計学

椿　昇

産学社

認識は悲観的に、行動は楽観的に

——アントニオ・グラムシ

まえがき――愛は手に宿る

僕は現代美術の世界でキャリアを重ねてきた。「アゲインスト・ネイチャー　八〇年代の日本の美術」展やヴェネチア・ビエンナーレへの出品など、いくつかの国際展に参加。第一回横浜トリエンナーレでは、巨大なバッタのバルーンを高層ホテルの壁に出現させたこともある。また近年は瀬戸内国際芸術祭で、小豆島のエリアディレクターを務め、アートを使って少子高齢化の島に観光に替わる関係性を生み出すプロジェクトに取り組んでもいる。

その一方、芸大を出てから中高一貫の女子校の美術教師として二十四年、女子大と芸大の教師として十一年、振り返れば三十年以上若者たちと向き合ってきた。

私に美大進学をススメてくれた高校の美術教師Uは、離れ小島のような美術準備室という小さな王国で悠々自適、彼が指導する美術部も隆盛を極め、この世の中にこんなに素敵な仕事があるのかと思うほどその世界は輝いていた。

アーティストになろう！

そう思って、彼の背中を追うように大学を出て美術教師になった私を待っていたのは、まさかの月～金のクラス担任と土日の運動部顧問。いったいいつ作品を作ればいいのだ！　高校生の時に見た夢は幻となってガラガラ足元から崩れていく。加えて大学四年の時に患った自律神経失調症らしきうつ病が劇症化。生徒たちの無邪気な笑顔が陽炎のように網膜のなかで像を結ばないまま五年も過ぎてしまった。

そんな状況を引きずりながら結婚し、子供が生まれるなか、友人の誘いもあって転地療養も兼ねてアトリエ兼住居を農村地帯に移す。クスリ漬けで階段を登ることもままならない私の状態を知ってか知らずか、斜向かいの農家のじいさんが休耕田を開墾しないかとススメてくれたことが一大転機となった。

お袋から押しつけられたお守りもクスリも捨て、なるようになれと思って汗だくでススキの根っこを掘り返し、畝《うね》を作り、大きな蕪《かぶ》を収穫する頃になると、あれほど苦しめられていた慢性疲労性症候群がウソのように汗とともに流れ落ちていた。ふっくらとした蕪と土の匂いに救われた私は、クラス運営もスポーツ指導もアートと考えればいいんだという諦観を得る。その後は何が何でもアーティスト活動と教師としての仕事を両立しなきゃならないという頑なストレスもなくなって、いろいろなことがスムーズに運ぶようになっていった。

こうして私自身はなんとなく生きていけそうな実感を得たのだが、しっかり生徒の顔が像を結ぶようになると、ある異変に気づくようになった。

お母さんも子供たちも先生も愉しくなさそうな人が徐々に増えていたのである。家庭のストレスを反映したのか、生徒たちもイライラし、そのイライラに向き合えない〝良い人症候群〟の教師たちが火に油を注いで、学級崩壊の芽があちこちに生まれていた。放置されたイジメはどんどんエスカレートし、粗暴な衝動を受け流すスキルなど誰にも教えてもらえなかったナイーブな子供たちは、やっとの思いで不登校というネガティブなシェルターにこもっていた。

この本を書くきっかけは、ある教育雑誌のインタビューで私が語ったアーティスティックな不登校治療法があまりにも刺激的なので、ぜひ本にしたいとの申し出があったからだ。もちろん、自らの心の闇との闘いを経て得た体験と、美術教師という疎外されたポジションを活かしたカウンセリングの効き目は実感していたし、いくばくかの成功事例を積み重ねてきたという自負もあった。しかし、イジメや不登校に関しての本は、心理学や社会学や教育学の分野から山のように出版され、私自身もうお腹いっぱいで執筆する気にはとうていなれなかったし、いくら本に書いても一人ひとり異なる症状に私の事例が役に立つことなどあり得ないとの自戒があった。

とはいえ、教育現場のストレスが多様な生き方を選択する可能性を閉ざし、クリエイティブな人間がどんどん世の中から消え、人々の対話がネガティブになり、誰もがアイデアを提案することの愉しさを忘れるような社会になってゆく未来を見たくはなかった。こんな気持ちでモヤモヤしながらどんなことを書けばいいのかと思い悩んでいるときに、ふと今までの出来事を包んでいた「時間」や「空間」からアプローチすることはアリなんじゃないかと考えたのである。

心の悩みを心で考えるカウンセリングというソフト偏重から、その時に座っていた椅子や部屋の壁の色やかかっていた絵や空の色というようなハードにも注目しなければならないのではないかということだ。はっきりいえることは、私たちを包む空間はいうに及ばず、私たちの手や足や身体はハードウェアであり、心というソフトと身体というハードは常に不可分な存在として相互に影響し合って活動しているのである。

私の経験からいえば、心を病んでいる時ほど心が空っぽになるような手を使った単純作業への没頭が自分を救ってくれたし、同じ身体を使うにしてもテニスなど相手と闘うような頭を使うスポーツは逆効果でしかなかった。あらゆる意味で大脳を休ませてあげないと、いくらハードな運動をしても脳が競争を意識した途端、身体を道連れにした悪循環が劇症化することから逃れることはできなかったのだ。

そのようなことを考えていると、地方創生アート・プロジェクトのディレクターをしている時によく思い浮かぶ「愛」という言葉に突き当たった。英語の「ＬＯＶＥ」に愛という漢字を当てた先達には敬意を表するものの、僕の経験から来る印象としての日本における愛は、「自然（手）を介して積もる時間のあつまり」というニュアンスの方がしっくり来る。

先日も小豆島のリサーチの途上で朽ち果てる寸前の古い真珠小屋が浜に打ち捨てられているのを発見した。砂浜を通ってその小屋に行くと奇妙なことが起こった。地元の議員や役場の担当者が唖然とするなか、同行した建築家もデザイナーも異口同音に素晴らしいを連呼し、たぎるようにアイデアが溢れ出したのだ。

都市から来た旅人のエキゾティシズムと非難されることは承知のうえで、地元の人たちが税金の使い道として当然と考える、ひなびた海辺のバス停のリニューアルが、どれほどの旅人を失望させるのか考える時期に来ていると思う。高度経済成長を闘い抜いた日本の先達たちは、近代化こそが未来と信じて走らざるを得なかったが、僕のまわりに集まる若い世代は「もののあはれ」という日本古来の叙情性を持ち、手業が時の流れにもみほぐされて自然に戻ってゆく様を「愛でる」気風を持っている。日本の愛とは、手と時間が織り成した何かによって生まれる心性に近いのではないか。

英語の直截的な「愛」ではなく、人の手が動いた痕跡が時間の層となって目に伝わり、手に伝わり、そして手料理のように舌に届いてゆく。一部の章は過激だが(笑)、この本の隅々にあるのは「手と時間」の優しさをあちらこちらにインストールすることで、もっと創造的になれるという想いである。

特に、すべてのはじまりの時(たとえば幼児教育、たとえばプロジェクトのスタート)においては、あえて3Dプリンターやタッチパッドなどの完成品を使わず、ダンボールや粘土を使って「ゆるく」形を生み出すことをオススメする。これを我々は「ラピッド・プロトタイピング」と呼んで、作品の構想を練る時やアイデア出しのミーティングで大切にしているのだ。マーカーの線や付箋やセロテープの痕跡は、下手であればあるほど（限度はあるが……）豊かなスキマを垣間見せてくれる。それらが海辺の真珠小屋のような日本型の愛に姿を変えて、教室やチームに創造性を与えてくれるのだ。

さて、ここで本書の構成をお伝えしたい。まず第一章では長い教育現場の経験を踏まえ、気ままなエッセイを書いている。一部で建築家と組んで建てられた開放的で実験的な教室が生まれるなか、まだまだ多くの学校は対面型の一方通行な教育が主流である。しかし本気で未来のイノベーターを生むためには、教師や親の相当な発想転換が必要だと考える。ただしそれは、エリート教育を目指すものではなく、経済分野における中流崩壊に教育を巻き込んではならないという考えに従っている。では非富裕層である「残り九九％（？）」のレベル向上の話かといえばそうではない。一見、見晴らしのよいエリート教育という進化論的幻想を捨て、生物の九九％が絶滅してきたという事実を想定して逞しく生き残るアンチ・ポピュリズムの野生メモである。学生運動終焉の時に高校一年生だった僕は基本的にノンポリであり、「右も左もどっちもどっちだろ？」というシニカルな人間だ。ゆえにエリート教育派でも子供手当派でもないので、勝敗を見たい人は読めば読むほどガッカリかもしれない。

第二章は、作品制作やアート・プロジェクトをする際にベースとなっている現代への視点を大急ぎでまとめている。特に新自由主義下の金融工学とGNR（遺伝学、ナノテクノロジー、ロボット工学）革命という、テクノロジーの無制限な侵食の先にある我々の暮らしについてアーティストの立場から思うところを書いている。これらの下敷きになっているのはMIT（マサチューセッツ工科大学）メディアラボのアーティスト・イン・レジデンスなどに参加した知見であるが、文中にデータの引用はせず、巻末に参考文献を紹介するに留めた。

第三章は、二章を前提に資源の枯渇や経済の停滞を前提とした成長しない時代のシンプルなパラダイムについて。

第四章はグローバル人材の育成（エリート教育と同じ見晴らし）の前に、日本語の「読む・書く・話す」力を再発見したいという話。

第五章はブレイクタイムで僕のイラスト・エッセイを挿入した。

そして一番お読みいただきたい第六章（ここだけ立ち読みしないでくださいね）は、僕の尊敬する不思議な人々の棲息するスキマ探訪インタビュー集。

第七章は、いまの僕を形成してきた空間体験やプロジェクト生成初期の未分化なブラックボックスをオープンにした。

そして最終章はMITメディアラボ所長伊藤穰一さん、同所長補佐の林千晶さんとともにGNR革命ならぬ『変人革命』が世界を救う⁉」という鼎談を収録させていただいている。

ささやかなこの本が、少し固くなりすぎた日本を「エエ加減」な塩梅で「インテリジェント」にゆるめてくれることを祈っている。

目 次

第一章

教育はスキマの設計学

少子化時代の学び――「教える」から「学ぶ」へ

僕は最悪の子供だった。

僕が受けた教育は、団地住まいという暮らし方が日本で最初に提案された時代と重なっている。生まれは京都の松ヶ崎だが、小学校一年からは枚方《ひらかた》(大阪府)の丘陵地を切り拓いて造成した香里団地というニュータウンに移住した。核家族で、実質的には〝団地世代〟といえる。当然そこにはすでに「教育ママ」という言葉が誕生していたし、塾のひな形は随所に見られた。

小学校二年の時に掛け算の九九で挫折した僕は、「孟母三遷(子供の教育には環境が重要であるという教え)」という言葉が好きな母親の命で三年の時にすでに公文式のドリルをこなす〝収容所〟に送られるはめになるものの、ただちにサボタージュを決行するような子供だった。

公文には行ったふりをして、セスナから撒かれる粉末ジュースのお汁粉の宣伝ビラ(無料引換券が付いている)集めに狂奔し、未入居団地の一階ベランダ下に札束のように引換券を隠し持っていた。夜になると、塾の窓から抜け出し、高層アパートの広大なエントランスで三角ベースに興じていた。当然のことながら、その時、国鉄職員だった父親のナケナシの給与から孟母が捻出した月謝が泡のように消えていたことは間違いない。

結果的に、僕は身勝手な学習方法で、ここまで乗りきってきた。公教育で学ばなければならないとされる「九九・計算・音符・品詞分解」などは、テストの前日に落第点スレスレで踏みとどまる悪知恵で乗りきり、猛然とテンションが燃え上がる現代国語の作家研究や西太后の拷問話に全力を傾注していた。

このようにわがままな男子生徒だったが、節目節目で疎まずに付き合ってくれた粋な教師や大人に遭遇できたことで救われたように思う。高校二年の担任だった数学教師は、偶然にも小学校時代の親友の父親だった。気まぐれな僕の学習態度を逆手に取って、「学問でひとつ、趣味でひとつのめり込むものがあればそれで人生は問題ない。自分でスキマを見つけて勝手に伸びればいい、俺は邪魔をしない」と言ってくれたことは大きかった。凡庸な教師に限って全科目良い点を取れとか偏差値がどうのとお節介を焼くものだが、彼の「放っといてやる」というその一言で、法学部に進学するという建前から芸大進学という本音にシフトできたことに今も感謝している。

こんな出来の悪い生徒の事例を引き合いに出して一般論を語る資格はまったくないのだが、多くの方々もかつては勉強嫌いだっただろうし、脳（体の中央の一番見晴らしのいい場所に陣取り、全エネルギーの二〇%も喰っている)をうまく騙して、やる気にさせる教育システムが可能ならば、その計画に与していただけるのではないだろうか。そんな予断により、話を進めさせていただこうと思う。

学ぶ内容は子供が決める――レッジョ・エミリアの哲学

二人の息子が日本の教育を受けた親としての経験と、いまも僕自身が教師として日本で教育を行う側にいるという双方の経験を元に「教育」の問題に少し触れたい。以下に述べる方法は、すでに先端的な教育機関や指定校では取り組みが進んでいると思うのだが、エリート養成校であっても教育困難校であっても等しく有効性があるのでぜひ実践してもらいたい。

それは「教える」から「学ぶ」へのシフトチェンジである。

お上のマニュアルを順守するだけではなく、子供たちの可能性を聴き取り、最適な学びの引き出しを開けて見せる知芸だ。上意下達の明治時代そのままの教室レイアウトを変え、時間割を個人やグループでカスタマイズし、それぞれが学びのテーマを自分で選択して研究し、発表する。その学びのナビゲートと発表を手助けしアドバイスするスタイルだ。強いて言うならば、大学院の指導方法を幼稚園にまで一貫させるということである。

さあ大変だ。

ここまで読まれた読者や教育関係者の九〇%は「そんなことできるわけがない！」と一笑に付されるだろう。しかし未来の日本を考えるのであれば、誰もやっていないことを一番にやるのは悪い話ではないと思うのだ。

海外ではすでに実践例もある。イタリアの有名な幼児教育システム「レッジョ・エミリア」では、小学校に行く前の段階から児童たちがその日何を学ぶのかを話し合いで決めている。学ぶ内容を自ら話し合って決める力は、幼稚園の子供にもすでに十分に備わっているからだ。

レッジョでは、「ペタゴリスタ」という理論面の指導者と「アトリエリスタ」という図工の指導者、そして技官の三人がチームを組んで、子供たちの学びのサポートをする。あくまでも児童の考えを尊重し（日本は命令だ！）その意見を最大限魅力的なものにするためにプロ集団がバックアップに入る。

なぜレッジョは、この方法にたどり着いたのか。レッジョ・チルドレン代表のカルラ・リナルディに聞いたことがあるが、「民主主義を守るため」という答えだった。第二次大戦の時にムッソリーニのファシスト党の台頭を許した自責の念から、幼児期から話し合いで物事を決める習慣を身につけさせるということだった。上手に絵が描けるとか、お遊戯が揃うとか、観光英語が喋れるとか、そんな〝ツール〟の話ではない。人間とは何かというレベルで児童教育を考えているのだ。

〝教師〟は、いらない

究極的には、僕は〝教師〟はいずれ不要になると考えている。デジタル・ディバイド（情報格差）はすでに他のインフラに比べれば格段に少なくなっており、その気になれば、どんなローカルな場所にいてもインターネット上で世界最高の知的集積にアクセスできる。また、多くのコンテンツはフリーで提供され常に更新されている。

では、ネットがあれば何でも学べるかといえば、答えは「NO」だ。ネットは知識や情報には簡単にアクセスできるが、相手を説得するという民主主義にとって最も重要な身体性がそこでは学びとれない。教室の机の配列には文句を言ったが、教室がなくなってよいかといえばそれには断固反対なのである。

自分の場所（HOME）に戻ってネットを使って徹底して予習し、それを教室という公的な広場に持ち込んで発表する。その発表を交互に聞きながら議論する。その未来教室のなかでは、かつて教師と呼ばれた人々が、場をリアルタイムに編集する博覧強記の知芸者に変容して華麗に振る舞う。ネットにある情報をわざわざ教室で講義するロボットとしての教師はもうそこにはいない。未来教室は監獄と近似したレイアウトから脱し、創発的な議論からアイデアが溢れ出るサードスペースとしての広場へとデザインを一新しているだろう。

富国強兵以来の「勉強」という教育のパラダイムには、画一的かつ強制的に国民のレベルアップを図ろうというプログラムが内在していた。それは勉強をすれば誰もが良い大学、良い企業、良い賃金で幸せになれるという共同幻想に依存して成り立つ幻影のようなものだ。だが、新自由主義末期のいま、言われたまま勉強しても何も未来は約束されていないことを、誰もが薄々感じているし、急速な少子化も避けて通ることができないことを知っている。

高校時代の恩師の言葉はいまの時代にあっても実に新鮮である。

「邪魔をしない」ということは密林に生えた小さな芽が目指す空を見せてくれるということなのだ。未来が不透明といわれるなか、指導者に必要な倫理は、豪雨を降らせる高度経済成長期の「教えねばならない」という強迫観念から逃れ、若芽を信じて密林にスキマを開け、自発性の成長を待つ「邪魔しないという勇気」なのではないだろうか。

ゆとり教育はなぜ失敗したのか

自発性の芽生えを促すという観点から考えると、非難にさらされた「ゆとり教育」を、もう少しだけ続けてほしかったという思いが強い。うまくいかないからやめるのではなく、毎年バージョンアップを図れば、未来志向の日本型教育システムとして完成していけたと思うのだ。

ちょうど僕が中高一貫校の美術教師を辞める直前、一九九八年に学習指導要領の改正があり、ゆとり教育の代名詞ともいわれる総合的な学習の時間が新しく設けられた。職員室でこの改革についてワイワイ話をしたことを覚えている。総合的な学習の時間が実際に導入された二〇〇二年には、僕は帝塚山学院大学に移籍していたので現場を見ることはなかった。しかし当時は妻が小学校の図工専科の教諭をしていたこともあり、現場の混乱している様はうすうす理解できた。

この場では一点だけ言及するに留める。問題の本質は、この理想を求めた教育改革を実行すべき人材として、現場の教員が育成されてこなかったことだ。ズバリ言うならば、いままでの教師像とは全く逆の知的エンタテイナーとしてＴＥＤ[*1]〔世界的規模のカンファレンス〕に登場するようなタイプが、総合的学習のファシリテーターには求められているのだ。

ゆえに、新卒で教員採用などというのは僕に言わせるとあるまじきことだ。社会人経験を積み、多彩な引き出しを準備した三十歳以上の経験豊かな人材が、国家試験並みに厳しくファシリテーションの訓練を経て現場に立つ。こうした教員採用試験の改革がまずありきではなかったかと思う。

自由に困惑する教師

ところでこの総合的学習の時間は、もうひとつ重要な意味を持っていた。それが教員にとっては自分の資質を測られてしまう〝危ないリトマス紙〟だったことだ。ところが文科省もこれをリトマス紙にして、新時代の教育を行う資格がある教員がどれだけいるのか調べてやろうというパワーに欠けていた。そして結果的に、単なる教育ファンタジーとしてこの時間を生み出してしまったことは残念だ。

いままでは文科省の言いなりになって、「これを教えなさいと言われたから教えます」で済ませていた教師の多くが、いきなり「先生が何を教えるか創造しなさい」と言われ、当然慌てふためいた。この顛末は現場の混乱というニュースに形を変えて伝えられた。自由に教えてよいと言われたら、クリエイティブな教師なら嬉々として生徒たちとプログラムを組めるはずが、そこで困惑する教師がどっさりいた。この事実こそが問題だったが、残念なことにいつの間にか制度そのものの問題にすり替えられてしまった。

というわけで逆説的だが、この改革の最大の功績はいままでの教員養成システムが機能しなくなっていることをまざまざと見せつけたことだろう。それなのに、その問題点は語られず、教師をまたもやルーティンワークのなかで安住できるように保護してしまったのだ。こうして結局、二〇〇八年の学習指導要領の改正で、総合的な学習の時間は削減された。

ゆとり教育批判の根拠となった経済協力開発機構（OECD）「生徒の学習到達度調査（PISA）」のデータを、素直に学力と呼んでよいのかという疑問もある。詰め込み教育への逆戻りではないと言いながら、この方向転換には学習意欲のない児童には詰め込みしかないと決めつけているような冷たい印象を受ける。実のところ詰め込み教育や事務仕事は、創造性を苦手とする教師にとって都合がよい。

創造的な指導法の創出は可視化に時間がかかり評価しにくいものだ。その業績を下位に置き、判断しやすいPISAの数字を学校の力や教師の力に置き換えるのは明らかに時代に逆行している。未来を切り拓くイノベーターを育てるために、そして創造力のある教師を育てるために、ゆとり教育をブラッシュアップしてゆくことがやはり必要だった。と、ここで少し遠吠えしておきたい。

対話型教育の可能性――インタビューと公案

前述のレッジョ・エミリアの事例を待つまでもなく、僕の考える教育の背骨は「対話」に尽きる。会議や書類作成は最小限におさえて、少しでも時間があれば学生と四方山話《よもやまばなし》をする時間を確保することが重要だ。

ところが大学の教養課程ですら、「対話」という講座やワークショップがあるという話はあまり聞かない。そもそも対話を指導する教官がいるという話も聞かない。いまさらソクラテスや『テルマエロマエ』の時代でもないよねということなのかもしれないが、最先端と思われているTEDを見ていると、まさに古代ギリシャ時代にソフィスト[*2]〔アテナイで活躍した弁論家〕たちが弁論術の指導によって職を得ていた姿と重なるのだ。詭弁と揶揄《やゆ》されることの多いレトリックという技術も、仔細に見れば相手から深い話を引き出すために工夫され尽くした話し言葉の文化なのである。

その前提に立って教育の現場を振り返ると、実にお粗末で凡庸な会話が飛び交う光景が広がっている。昨今企業でも学校でも心の悩みを抱える人間が多くなり、それに伴って「面談」という時間が多く持たれるようになった。

しかし、相談相手の社員や学生の文化環境に興味のない面談者が、彼らと話の〝ピンポン〟ができるのかということはあまり問われていないように思う。もちろんすべての聞き手が専門分野以外の知識や経験が豊富でなければならないということはないにせよ、ひきこもりの学生が家でどんなゲームにハマっているのかぐらいは興味を持ってほしい。

とするならば、この役割に近い職能としてインタビュアーが思い浮かぶ。元キャスターでエッセイストとしても活躍する阿川佐和子さんは、いまや誰もが知るところだろう。しかし、読者のみなさんにはタイムマシンに乗っていただき、かつて徳川夢声《とくがわむせい》*3〔活動弁士の第一人者〕という人物がいたことを記憶に留めていただきたい。

僕が小学校にあがる前にはまだ一般家庭にテレビは行き渡っておらず、ラジオが情報源のすべてだった。そんな幼少期に日本語を教えてくれたのが、徳川夢声のラジオだ。語られる言葉の意味はよく理解できてはいなかったが、独特のリズムと粋な言い回しの彼の語りを口真似してひとりでゲラゲラ笑う変な子供だった。もちろん、そのおもしろさは話術の巧みさを抜きには語れない。さらに、彼はその術を活かす博覧強記の芳醇な世界を脳内に持っていた。インタビューの名手でもあったが、リアルタイムで繰り広げられる言葉の応酬は、「ちょっと待って」とタッチパッドで調べるなんてことが許されない。まさにこれが「対話」のオモシロイところだ。完全なオフラインで、当意即妙に闘う他はないのである。……とはいえクラウドに接続された人工知能（Artificial Intelligence、以下ＡＩと略す）がリアルタイムに口唇を作動させる時代が来れば、また話は別なのだが……。

というわけで、教育の現場では教えることも重要だが、対話のなかで「聞き出す力」が鍵を握っている。聞き手はピッチャー役ではなく、どんなクセ球でもミットに収める余裕のキャッチャー役でなければ務まらない。相手が自分でも気づかない世界にたどり着いて、自然にそれを語るレベルまで付き合えれば最高だ。

実は多くの学生は、話を聞いてもらうことで悩みが薄まってゆくケースが多い。後で聞くと、「決断の時にただ話を聞いてもらいたかった。答えを聞きたいわけではなかったのかもしれない」と語ってくれることが多い。

答えの出ない問いを仕掛ける

もう一点「対話」で考えたい事例がある。それは六章のインタビューにご登場いただいた臨済宗妙心寺派恵林寺の住職古川周賢老師の日常にある「公案」という禅のシステムだ。「公案」とは、臨済宗で悟りの境地が得られたかを確認するために用いる問答のこと。紀元前のギリシャで金銭と引き換えに話術を教えたことで批判されたソフィストのレトリックと同じように、一般的にはトンチ話として片付けられてしまうという残念な扱いを受けている。

公案で有名なものに、白隠禅師《はくいんぜんし》の「隻手音声《せきしゅおんじょう》」という問答がある。「両手を打てば音がするが、片手ではどんな音がするのか」という問いだ。

禅堂で修行をされた雲水（修行僧）に話を聞くと、老師に同じ答えを言っても突き返されたり、時に良しとされたりするという。最悪の場合は僧堂へ至る回廊を歩いてゆく時点で鈴を鳴らされる（帰れとの合図）と聞いて驚いた。その理由は、「足音が悪いから問答に至らず」とのことらしい。

白隠が体系化した「公案」という絶妙の教育システムは、こうして文字にしてしまうと言語に焦点が当てられてしまう。けれども対話が交わされる僧堂という空間のなかでは、日々交換される圧倒的な量の身体知がプラットフォームとして確かに存在している。そしてこの古典的システムは三百年の時を経て、現代にしっかりと生きている。

多くの人たちが日々エクセルやワードの論理の世界に身を置くことは、生きてゆくために必要だろう。しかしこうした仕事は、いずれＡＩやロボットに追いつかれてしまうことは自明だ。機械の論理だけに依存していてはいけない。ましてや、日本の未来をつくるイノベーションを目的とするならば、答えの出ないような問いをもらって脳を悶々とさせ、非論理を自在に操る公案の手法に関心を持つことは重要だと思う。

僧堂というレベルからはほど遠いようでも、実は公園のベンチでぼんやりしている時や、単純作業をしている時に、脳は瞑想時とよく似た状態にある（注意：スマートフォンを触わっているとぼんやりモードには入れない）。あるときはインタビュアーとして従順に話を聞き、またあるときは禅の老師のように突如問答を仕掛ける。このように、一見古そうに見えて、実は新しい「対話術」の研究が教育の現場に求められているのではないだろうか。

オフィスや職員室はデモクラシーの鏡——監獄的空間を変えてみる

会社や学校をはじめとする日本の公共空間の姿は、日本人社会の持つ人間関係が色濃く反映されている。その根底にあるのは「楽がいちばん」。ストレスを避けようとする本能的な行動様式だろう。

当然「楽なこと」を最も重要な思想にすると、まず「目立たない」という生物が本能的に選択するカモフラージュ戦略がベストチョイスとなる。これは長い間この国で生きる庶民の知恵として培われた作戦だが、一方で表向きには同化するように見せながら深層で多彩な愉しみを発見する日本文化の発生源として重要な役割を果たしている。

新宿の無機質なビルでオフィスワークをこなした行政マンが、夜が更けるとゴールデン街で愉しそうに飲んでいる。こんなギャップが、エキゾティックなシーンとして欧米人の人気を博しているようだ。確かに海外に日本を魅力的に紹介する裏ツールとしては有効だけれど、そうした面従腹背生活が、いつしか創造性の衰弱と嫉妬心の堂々巡りに陥り、年間三万人を越える自殺者や大量の不登校生を生み出しているとすれば、不必要なオモテウラを少しずつ減らしてゆくことも、この国の未来にとって必要だ。

ワークショップなどで公立の中学校を訪問すると、校長室は応接室と兼用で校長はなぜか不在ということが多い。たいていは教頭が名刺を持って慇懃にやって来る。多くの学校では古ぼけた油絵の額が少し斜めになったままになっていて、歴代の校長の写真額も曇ったガラスと不揃いな姿で訪問者を迎える。職員室の殺風景さといえば心も寒くなるほどだ。不機嫌そうなジャージ姿の教員と異常に大きな声で挨拶をする生徒たち。ここまでパブリックな空間に愛がない国は珍しいのではないかといつも思う。

義務教育という言葉が象徴するように、自ら学んでみたい空間からほど遠い佇まいのなかで、彼らは平気で過ごしている。勉強という行為は、監獄的空間で強制的に執行しないと身につかないのだろうか。カフェに入るような愉しい気持ちで学ぶのはタブーなのだろうか、と疑問が募る。これはまさに表面上パブリックは貧しいふりをすることが当然と思い込んでいる庶民感情への迎合である。その領域から踏み出すことで起こるクレーマーの襲来を避けるため、あえて美しさよりも荒廃した感じを残しているのではないかと勘ぐりたくもなる。

もうひとつ気持ちの悪い風景がある。こんな屈折した慇懃無礼を是としながらも、一方で我が同胞のプライベート空間への愛は異常なほどだ。パブリックな空間には愛などかける必要なんてサラサラないと思っているわりに、誰もが自分の車や家には溢れる愛を捧げる。なぜこのように自己愛だけを増殖させて公共空間への関心を失っていったのだろう。

この私空間（特に車）への異常な偏愛を増殖させたのが、実は戦後の国策であったことを忘れてはならない。民主主義を成立させる広場を都市から徹底して消し去り、仕事が終わるとそそくさと郊外のマイホームに帰らざるを得ない環境を整備したのだ。住宅ローンという見えない鎖で退職まで会社に服従させ、長時間の通勤で反抗心を削ぐという方法を発明した天才に敬意を表したい。

奇妙で怪しい空間をつくろう

ではどうすれば、この国をもっと愉しくできるのだろう。ズバリ、まずはオフィスや職員室からカッコよくしてほしいと思う。パブリックな場に宿る愛はクライアントにもペアレントにも絶対に伝わる。空間が変われば、どんどん話も弾むようになる。この弾む話の場こそが健全な民主主義のゆりかごになっていくのだから、オフィスや職員室のリノベを馬鹿にしてはいけない。

当然リノベーションは業者に任せず社内ボランティアを募ってDIYすれば良し。生徒と一緒にワイワイお喋りしながらペンキを塗り替えると愉しいだろう。五章で詳しく紹介するが、シナベニアのコンパネと2×4《ツーバイフォー》の木材があれば大きなテーブルもすぐにできる。チェアはイケアで調達し、ソファは「ヤフオク！」でGETして可動式にしよう。壁は天井までホワイトボードにして付箋を貼れば、あっという間に発想が膨らむ。ネスカフェの「ドルチェグスト（コーヒーメーカー）」なら一杯五十円でいつでも本格的なカフェタイムになる。クッキーは誰かが焼いて持ち寄ればいい。冷たい高級なオフィス家具の前でパワーポイントを使ってプレゼンするより、多少いびつでも、お手製のホワイトボードの前でコーヒーとクッキーを片手に立ち話。その方が圧倒的にイノベーティブだ。

未来はイノベーティブな人材を求めていることを疑う余地はない。いずれは日本の会社もピクサーやグーグルのオフィスのようにクリエイティブになってほしいものだ。日本社会もそろそろ勇気を持って、奇妙なオフィスや怪しい職員室の改造に乗り出す時がきている。

スタートはキャラメル箱

現在の教育現場を支配する監獄的空間をリノベーションしようと記したが、個人レベルで創造性を養う方法もお伝えしておこう。七章で後述するが、金沢21世紀美術館で行っているワークショップ「中学生まるびぃアートスクール」の初回では、森永ミルクキャラメルの箱を用いて、小さな空間で自由に自分の世界を表現するプログラムを行った。

そのアイデアのソースとなったのは、生物学者の南方熊楠[*4]〔植物・微生物学者〕が昭和天皇に粘菌を献上した時のエピソードだった。フォーマルの極限のような状況にあって、インフォーマルなキャラメル箱に標本を入れて献上するなど戦前は不敬罪に当たる行為なのだが、熊楠はひょうひょうとすべてを超越する。彼の死後二十年を経て和歌山を訪れた天皇は、「雨にけふる神島を見て　紀伊の国の生みし南方熊楠を思ふ」と詠まれた。よほど強烈なインパクトを与えたのだろう。あの時代に科学雑誌『ネイチャー』に天文学から民俗学まで多彩な論文が五十一回も紹介された熊楠。いまでも研究者とはいかにあるべきかを問うという意味で、彼を越える人材は生まれていないように思う。

それだけではない。微細な粘菌を生涯研究した熊楠は、神社合祀によって鎮守の森の巨木を売り払う政府の蛮行と敢然と闘った。「世界に不要なものは何ひとつとしてない」と語って日本のエコロジストの先達となった。

〝変人〟は日本型イノベーター

さて、このキャラメル箱のエピソードから中学生たちのワークショップを始めたのには、ふたつの意味があった。ひとつは、二一世紀を生きる子供たちに、通常の授業ではまずお目にかかることのない熊楠に出会ってほしかったということ。熊楠こそ日本型のイノベーターだ。変人という周囲の評判には目もくれず、権威におもねらず知を愛し、世界に多くの友人を持ち、自らの夢に向かって天衣無縫に生きる。これこそ、グローバル化し人工知能化する世界からの逃走経路に他ならない。

そしてふたつ目は、妄想をインストールする〝イメージの最小空間〟としてのキャラメル箱の提案である。瞑想時の脳の動きに関して少し言及したが、現代は何もかも用意された記号の海で泳ぐ哀れな消費者として教育を受ける時代だ。そのなかにあって、最も重要なことは「抽象化」された答えのない事象をいかに身辺に導入できるかということである。

以前東京の進学校で、解決の糸口の見えないパレスチナ問題のレクチャーをした時のことだ。僕の顔には一瞥もくれず、うつろな目をして周囲にひそひそ呟いている少年がいた。彼は「この授業テストに出る？」としばらく教師に尋ねた後、「テストには出ない」と言うのを聞くやいなや満足した顔をして机に突っ伏して寝入ってしまった。明らかに彼は、受験に役立つデータのみひたすらインプットする超受動マシーンになり、その役割から抜け出せなくなってしまったのだろう。

不透明な二一世紀を生きなければならない子供たちは、最初から透明度の高い玩具（レゴでさえ）に囲まれ、自ら妄想や工夫をさせてもらえる余地はほとんど残されていない。ゲームはいずれ人工知能化され、人類の理想とする女神のようにより一層振る舞うようになるだろう。

というわけで、食べ終わったキャラメル箱（いまや入手困難かもしれないが……）をゴミ箱に入れないでほしい。その小さな箱はピンホールカメラにもなるし、小さな映画館にもなる。ピンセットで小さな都市をつくってもいい。道具がなくても広いスペースがなくても、キャラメル箱から世界構築に取りかかれる。小さな空間に膨大な妄想を詰め込む力を鍛え上げ、消費され尽くさない人間として生き延びねばならない。

＊1　TED　米国カリフォルニア州で世界的規模のカファレンスを運営している組織。ここではTEDが世界各地で主催するカンファレンスのことを指す。論じられるテーマは学術、デザイン、エンターテインメントと幅広く、プレゼンターは制限時間内に魅力的なプレゼンテーションを行う。

＊2　ソフィスト　古代ギリシャ時代に、雄弁術・修辞学などの教養を与えることを職業とした人々。プロタゴラス、ゴルギアスらが有名。

＊3　徳川夢声　ラジオ全盛期に名調子で人気を博し、吉川英治『宮本武蔵』『新・平家物語』の朗読で一世を風靡する。戦中戦後は俳優、文筆家、朗読家としてマルチに活躍。主なラジオ出演に「話の泉」、テレビ出演に「私だけが知っている」「こんにゃく問答」、主著に『問答有用』など。

＊4　南方熊楠　一八六七年、和歌山市出身。英国に留学し、帰国後は紀伊・田辺を拠点にし、熊野・那智勝浦の原生林をフィールドに、粘菌や植物の研究を続けた。

プロジェクトのはじまりに

「Yes and…」形式のブレスト

新しい企画を練る際のアイデア出し、ブレイン・ストーミングは、クリエイティブでないと意味がない。そのためには、「Yes and…」形式をオススメする。「NO＝否定的な意見」は言わないことをルールにする。必ず「YES」と受け止めたうえで、「and…」と自分の意見を足してゆく。

プロジェクト・マネージメントの3要件

僕はプロジェクトを運営する際に、以下の3つを大切にしている。うまくいくプロジェクトに必須の要件だと思っている。

①ミッション

プロジェクトの目的を明確にする

②タスク

ミッションの到達点と期限を明確にする

③マネー

継続的なプロジェクトには予算が必要。学生にも必ずフィーを支払う

第 二 章

“見えない世界”を見る

アートマーケットと資本主義――新自由主義の最前線

この章では、僕たちがどのような時代を生きているのか、そして、これからの若者がどのような時代を生きていくことになるか、僕なりの観点から概観してみたい。

二〇一三年十一月十二日。ニューヨークのオークションハウス、クリスティーズで、フランシス・ベーコンの「ルシアン・フロイドの三習作」が約百四十一億円で落札された。これはオークションで売られた美術品としては史上最高額である。

日本では芸術家があまりお金のことを言うと品がないとされ、芸術は売買するものではなく美術館で教養として鑑賞するものという風潮が一般化している。ゆえに世界のアートマーケットの動きが、グローバル経済の動向を映す鏡になっていることに気づく日本人は少ない。

芸術に夢を描いているナイーブな方々には申し訳ない話だが、幻想の仮面を外してみると、その裏には、世界を巡る投機資金がたどり着く終着駅ですよ、というシールが貼られている。そこには日経平均やナスダックと同じようなインデックスが存在し、世界的なアーティストたちもグラフの上では単なる銘柄に他ならないのだ。

さて、このような構造はいつから始まったのだろう。イギリスのサッチャー元首相とアメリカのレーガン元大統領が一九七八年から八〇年にかけて主導した新自由主義の開始と連動したのだろうか？　はたまたアメリカの金融工学が最終的に勝利した、銀行と証券を合体させる一九九九年の金融サービス近代化法成立からだろうか？

構造としてこの結末に至る萌芽はすでにルネッサンス時代に生まれていたと見るべきかもしれない。とてつもなく長い中世がようやく終わり、人類が無制限な欲望にかけたブレーキに再び手を伸ばしたのがこの時代だった。それまで石工と呼ばれていた人々のなかから彫刻家が、僧院でイコンを描いていた人々のなかから画家が誕生する。同時に金融工学やITとともに暴走している著作権という概念も誕生する。そして一七世紀になるとデカルトやスピノザ、ニュートンやライプニッツの登場によって宗教と科学の分離が鮮明になる。もちろんアートもその流れに添ってシステマティックになってゆくことを忘れてはならない。

一六四八年には、フランスで王立絵画彫刻アカデミーが会員である画家たちに、自らの作品を勝手に売買せずアカデミーを介するように指示をする。これは一見すると自由を疎外する行為のように見受けられるが、公正な価格というルールを取り決めることによって、市場規模が一気に拡大することを彼らはすでに熟知していたと見るべきだろう。

この改革により、一八世紀から一九世紀にかけてパリは美術の中心となり得たのである。そして一九世紀後半になると誰もが知る印象派の時代を迎える。ポール・デュラン・ルュエルはサロンに落選しても絵画に革命を起こそうとした画家たちを救済し、自らマーケットを生み出すイノベーターとなった。またゴッホの弟のテオは献身的に兄の作家活動を支えるとともに、ゴーギャン、ロートレック、ルオーを扱うアートディーラーとなってゆく。こうしてピカソを扱ってブレイクするアンブロワーズ・ヴォラールが登場してパリは絶頂期を迎えるのだ。

しかし、パリの絶頂期はニューヨークの台頭によってその地位を譲ることになる。二〇世紀が始まるとパリのギャラリーは経済の中心地となったニューヨークに次々と支店を出すようになる。ダニエル・ヘンリー・カーンワイラーはピカソとの間に三年間のエクスクルーシヴ（独占）契約を締結。ブラックやミロやフェルナン・レジェも傘下に収め、マーケットの構造整備に取りかかる。こうして移動したマーケットのなかでパリの亜流だったアメリカのアートを世界レベルに押し上げる功績を果たしたのがペギー・グッゲンハイムだった。

ポール・デュラン・ルュエルがサロンに落選する無名の作家を救済して印象派を生み出したのと同じように、彼女は無名のジャクソン・ポロックのような若いアメリカのアーティストの作品を買い続け、新しい時代の方向性を決定づけたのだ。こうして二〇世紀はアメリカの世紀となってゆく。

第二次大戦に勝利して勢いに乗るとアートの世界にも次々と有力なアートディーラーが登

場する。レオ・キャステリ、ポーラ・クーパー、ロナルド・フェルドマン、メアリー・ブーン、バーバラ・グラッドストーン、マリアン・グッドマンなど現在も活躍する人々の名前が現れるのだ。

一九八〇年代後半になると、マーケットは急速に資本主義の論理に従って外縁の取り込みを始める。僕が初めてアメリカに作品を出品する機会を得た「アゲインスト・ネイチャー」展もこの資本主義の原理に基づいて駆動されたのだ。その後日本を通過した外縁の取り込みは、中国へ、インドへ、アフリカへと次なる外縁を求めて急速に移動し続けてゆく。この流れと同期して、金融工学やＩＴ革命の主役とコレクター層の重なるアート界は、他の業界以上に資本主義の優等生として高度に洗練されてゆくのである。要点をまとめると、以下の通りだ。

①スタンダードプライスという世界共通価格の設定による公正な市場形成が、財閥や企業や富裕層にとっての安全な投資先として認知された
②オークションというセカンダリーマーケットの充実によって、作品という〝もの〟を介した経済システムから離脱。アート作品は実態とかけ離れた金融商品となる
③投資先としての公正さを担保する詳細なマーケットデータの情報開示が進む

④市場が大幅に拡大するとともに世界的な金融機関が参入した
⑤ギャラリーや作家の企業化が進む

こうした流れが、現在世界中で開催されているアートフェアの活況に繋がってゆく。ここであえて現状の是非を語る必要はないが、芸術に理想を求める際に少しでもよいので、ドラスティックな資本主義の論理が背後に働いていることを思い出していただければと思う。いまや比較的認知度の高いヴェネチア・ビエンナーレよりも、スイスで開催されているアートフェア、アート・バーゼルが世界のアートシーンを決定する力を持っている。簡単に現代に至る流れを要約したが、ご興味があれば「Art Review」[*1]〔現代アートの情報サイト〕に登場する人物をたどってリンクを探訪していただきたい。

新自由主義に抵抗するために

さて、最後にこうした状況を知った僕の学生たちに起こった変化をご紹介したい。日本のファインアート教育分野では、このような世界で起こっている出来事からは極力目を背けていたいというバイアスがかかることが多い。「そんな暇があれば黙々と絵を描きなさい」

という言説の方が耳に心地よく舌に優しいという現実がある。そこから離脱するには、相当な情報収集力と根拠のない自信がないと難しいだろう。特に最近の学生は良くも悪しくも従順であり、何か違うという違和感を持ったまま時間だけが過ぎてゆくという光景をよく目にする。

そこで、僕がいる京都造形芸術大学の美術工芸学科では、五年前からロンドンのロイヤル・カレッジ・オブ・アート（RCA）などとシステムを揃え、卒業制作展を学内開催のアートフェアとして作品の販売も開始した。もちろんそのために全学生の作品とステートメントを掲載したバイリンガルのカタログをオープニング時に用意。ギャラリストやキュレーター、そしてコレクターの方々にはプレビューにお越しいただけるようにインヴィテーションも別途郵送している。

学生自らがプライス設定をする時の参考に、国際的なギャラリーからディーラーの方をお招きし、現代美術家の名和晃平氏と国際価格設定講座を毎年開催してきた。そのような地味な取り組みを重ねる過程で、学生有志が昨年はロンドンで開催されたフリーズ・アートフェアに自主参加した。比較的費用が安く行ける三月のアート・バーゼル香港には予想を超えて油画コースを中心に三十名も参加すると言い出した。

とにかく自分の人生は自分で切り拓かねばならないという意識が、顔にも行動にも如実に現れてきたことがうれしい。敵を知り己を知るという努力なくして未来は来ない。投機的なアートマーケットを知ったうえで、ただ傍観したりあこがれたりするだけではなく、江戸時代のように、日本国内においてミクロレベルの文化内需を着実に増やす他はない。七章の後半に登場する退蔵院やアルトテック、瀬戸内国際芸術祭の取り組みは、新自由主義から日本の文化を守る抵抗運動のひとつかもしれない。

包囲された民主主義――グローバリゼーションがもたらす矛盾

いままでは考えられなかった事態だが、あのマルクスの『資本論』が読み直されているようだ。アメリカのマルクス経済学の権威デヴィッド・ハーヴェイは二〇〇八年に『資本論』の講義を動画サイトで公開したが、それが資本主義の暴走に疑問を持っていた多くの人々の心をとらえてマルクス・ブームを巻き起こした。二〇一一年に作品社から邦訳が出版され(『〈資本論〉入門』)、現在六刷である。

またトマ・ピケティの『21世紀の資本』(みすず書房)は、七〇〇頁を超える大著にも関わらず二〇一四年の十二月八日に出版され、二十五日には早くも五刷という信じがたい売れ行きを記録している。いよいよ日本の人たちも格差拡大の奥に、世界を覆う一筋縄ではゆかない問題が根を張っていることに気づき、立ち向かう必要を感じ始めたのかもしれない。資本主義のなかでもより暴力的な新自由主義と呼ばれる極度の規制緩和の萌芽は、先ほども触れたが一九七八年から八〇年にかけてサッチャーとレーガンによって開始されたといわれている。

僕自身が社会問題の背景に深い関心を持つようになったのは、一九九五年に起こった阪神・淡路大震災がきっかけだったかもしれない。その頃から本格的にインターネットの時代が始まり、そして9・11が起こる。我々の知らないうちに大きな亀裂が大地にも人類というシステムにも入り始めたのではないかと確信する事件が頻発する。

二一世紀は二〇世紀が残した巨大な負債と向き合う時代であり、希望に満ちた新世紀ではないということが徐々に現実味を帯びた頃、二〇〇三年の湾岸戦争が始まった。この時に「国連少年」という個展を水戸芸術館で開催したが、ジョージ・W・ブッシュのイラク空爆開始とオープニングが数日の誤差ということに衝撃を受ける。美術館内に仮想の国連をつくって、ブッシュに乗っ取られた国連を再生するというファンタジーの形式を利用しながら、そこでは、迫り来る民主主義の危機を訴えようとしていた。その後、二〇〇四年にバングラデシュ・ビエンナーレに参加し、東エルサレムを拠点に活動する劇団アルカサバ・シアターとのコラボレーションのためにパレスチナに向かう。

圧倒的な不均衡と向き合う

僕の二一世紀の始まりは、このように明らかに世界を取り巻く圧倒的な不均衡と向かい合うこととなった。ここで展覧会のリサーチに使った書籍を紹介しながらこの旅を続けようと思う。ちょうど「国連少年」展と時を同じくして日本で翻訳された本がケンブリッジ大学教授のノリーナ・ハーツが出版した『巨大企業が民主主義を滅ぼす』（早川書房）だった。ここで彼女は、すでにポピュリズムによって選挙自体が空洞化し、国家の最深部までロビイストが侵入したいま、民主主義を維持するためには、生活者が賢くなり団結してグローバル企業の行動を監視する他ないと言う。一九六五年十月にアメリカのラルフ・ネーダーがゼネラルモーターズ（GM）を告発して、著書『どんなスピードでも自動車は危険だ』（ダイヤモンド社）を出したというひとつの行動が消費者運動の先駆けとなったが、現代のグローバル企業は、その当時のGMとは比較にならないほど怪物になっている。その事実を前にすると、ことはそんなに単純ではないだろう。

そしてバングラデシュのリサーチで出逢ったC・K・プラハラードの『ネクスト・マーケット』（英治出版）という著作は、一日二ドル以下で暮らす経済ピラミッドの最低辺の人々を顧客にしてしまうという驚くべき内容だった。ここで取り上げられていたのが数年後にノーベル平和賞を受賞するグラミン銀行総裁のムハマド・ユヌス氏が始めたマイクロファイナンスの取り組みだったが、もはや世界は冷戦のような二項対立、資本家対労働者のような図式では一歩も前進できない膠着面にあることは明白だった。過酷な搾取を行うグローバル企業とNGOという表面上の敵同士が手を握り、迅速に社会問題を解決してゆく事例が数多く報告されていたが、もはや気持ちのよい解決策や明るい未来などは幻影であり、極めてグレーな部分が蠢《うごめ》いて少し状況が改善するという灰色のトレード・オフを受け入れる他はないのだろうか……。

ダニ・ロドリックの『グローバリゼーション・パラドクス』(白水社)は、その答えを一歩進めて読者にトリレンマ(三択)を迫る。国家主義と民主主義とグローバル化のどれかひとつをあきらめるようにしなければ、三つが並び立つことは不可能であるという。経済学者ミルトン・フリードマンらによって、国境を越えた資金の自由な移動こそが人類の輝かしい進化の成果であるように言われ、進歩的であると思われたい日本の多くの経済人や知識人も、アメリカとの親密さを能天気に喜ぶ首相によって、周回遅れで新自由主義の片棒を担ぐことになった。それが日本の郵便貯金を狙った郵政民営化をはじめとするさまざまな「構造改革」と呼ばれる政策であったが、良くも悪しくも、農民を基盤とする土着の自民党が保護主義的な政策で守ってきたさまざまな権益に付着した〝障害〟と呼ぶ資源をここで一気に放出することとなる。

しかしロドリックは、このような国家対金融という図式では、もはや事態は解決不能なレベルになってしまったと言う。ノリーナ・ハーツやC・K・プラハラードが提唱したように、単純な勧善懲悪の二項対立を越えて、人類の叡智を集めて持続可能な未来を設計すべきであると唱えている。そして新自由主義を信奉する経済学者たちの狂信的な主張も徐々に落ち着きを見せ始めている。我々が最も守るべきはまず「民主主義」であり、そして民主主義を機能させるための「国家主義」。そして金融グローバリゼーションには一定の制限を設ける時が来たということだ。次なる巨大金融クラッシュが起こる前に、国際機関が協調して「金融の見えざる手」にわずかでも「取引税」というブレーキをかけることを願う。

SNSによるやわらかな相互監視――オフラインのススメ

僕のIT遍歴をたどると、初めてメールのやりとりをしたのは一九九四年ごろ。すぐにMosaic（画像が扱える初期のブラウザ）でホームページを作ったりしながら二〇〇〇年が過ぎるころからは「はてな」を使ってブログを書いていた時期もある。そのうちSNS（ソーシャル・ネットワーキング・サービス）のmixi（ミクシィ）に少し傾いたあと、二〇〇七年ごろトロントでひとつ目のアカウントでFacebook（フェイスブック）を始めた。結局いま使っているのは二〇〇八年ごろから日本で登録し、書き込みし始めたFacebookアカウントのみ。Twitter（ツイッター）も災害や非常時用として休眠している。比較的世の中で一般的なツールに添って使ってはきたけれど、日々迫り来るプロジェクトに追われて、自分のウェブサイトでさえドメインの更新を忘れて消えてしまうという結構無残なネットユーザーである。

とにかくこれ以上本が読めなくなることも、マケット（模型）が作れなくなるのもゴメンなので、ネット依存はそんなに高くはない方だ。

一時は数万円にもなったネット関係の費用も、いまは相当整理された。スマートフォンと自宅のネット維持費のみ。ただ携帯各社のスマホ利用プライスが競争しているふりをしながら、価格カルテルのように一万円前後で横並びというのが気持ち悪い。ようやく契約期間二年の喪が明けた僕は、めでたくiPhoneからSIMフリーHUAWEIに移行した。今回の引越しは、ネット倦怠期に差しかかっているとの自覚もあるが、追い打ちをかけたのがiPhone6のリリースだった。すでに大型化していたアンドロイド族のあとを追いかけただけのアップルらしくない製品リリース。一気に興味がなくなり、スマホはネットに繋がってGoogleマップやFacebookが使えたらそれでいいと思うようになった。よほどYouTube（ユーチューブ）の動画を見まくるヘビーユーザーでない限りは、パケット通信が二ギガもあれば問題ない。iPhoneは、どっさりあるiTunesの曲を聞くガジェットとしてオフラインで残しておく、というのが現状だ。

そんな経歴のなかで、僕はネットとテキトーな関係を保てるようになったけれど、大学を受験した高校生に話を聞いて驚いた。僕の勤務する大学が芸術大学であり、なかでも日本ではマイノリティの現代美術（笑）というコースなので、一般論ではないということをお断りしなければならないが、アンケートの結果スマホに向かっている時間を合計すると最高で一日八時間、まったく携帯を持っていない学生もいたので平均すると一人六時間というとんでもない結果が出た。いかにAO入試でデッサン不要とはいえ、一日に八時間もLINE（ライン）をやっていたら本を読む時間も手を動かす（タイピングはしているが……）時間もないはずだ。

で！　いったい何の話をしているのと聞くと比較的他愛もない日常の友達関係の悩みやモロモロ。それをツマランと言うのは大人の勝手かもしれないが、明らかにツマランと言わせてもらいたい。彼らは一応クールなふりはしているが、流しそうめんのちょっと上流にいてつまみ食いをしている感じで、少し対話をすると話に広がりをつくることも深めることもできず、同じ場所をくるくる廻ってしまう。その状態に自覚的で、くるくるから脱出しようとするならまだしも、くるくる廻っているという状態そのものを理解できないのだ。

一章で触れたが「対話」する力が恐ろしく貧弱になっていることは明白で、ゆえに集団になったときに問題解決に向かって話し合うということができない。また、語彙の不足が原因で自分の不安や不満の遠因を論理的に探査できず、感情だけがネガティブに亢進《こうしん》して下向きのスパイラルに落ち込んでしまう。幼児は十分に自分の感情を表現できないときには、自己発散で泣き喚《わめ》くなどの行動に出るが、これくらいの年齢になるとそのエネルギーを全部内向させるから始末が悪い。

ネット依存を脱却させた『ゴドーを待ちながら』

しかし、ここからが人を育てる仕事の醍醐味である。もちろん高校までにその教育をお願いしたいとは思うが、少子化のご時世試験で落とすことこそ時代錯誤。四年間でLINE中毒の学生をどこまで変えられるかということが我々にとって最大の関心事となる。このようなことが書けるのは、紆余曲折はあるにせよ四年間の言葉と手作業のマンツーマン教育で、手前味噌だが明らかに学生たちが成長していることが見て取れるようになったと実感するからだ。バーチャル空間に移動したLINEイジメに怯え、息を潜める八時間は地獄だと思う。よくぞそんな生活に耐えてきたと怒りさえ覚えるが、それを打ち破るワークショップによって、小さな奇蹟が起こったので少し触れておきたい。

それは同僚の現代美術家、やなぎみわさんが京都造形芸術大学の新入生を対象に四月から五月にかけて行う演劇のワークショップである。通常は他の科目とカリキュラムが混在するのだが、水曜から金曜の午後は一か月間このワークショップのみ行う。写真を基礎とした現代美術を学ぼうとして来た学生たちがまず受け取るのはフランスの劇作家サミュエル・ベケットの『ゴドーを待ちながら』[*2]〔戯曲。不条理劇の傑作といわれる〕のシナリオ。これを二人で一組になって一か月で公演するところまでシゴかれる。下宿に帰ってもずっとセリフを覚え、十三時から二十二時まで全身を動かし大声をあげながらオフラインの時間を過ごす。

課題をやっておきなさいというような生ぬるいものではなく、トッププロが夜中まで一緒に付き合うのだ。こうして意味もわからぬ不条理劇のセリフを覚えた後、彼らには実に不思議な現象が起こった。まともな文章を書けなかった学生たちが、驚くほど論理的で批評的な文章を急に書くようになったのだ。明らかに対話の内容が変化し、プレゼンテーションの姿勢も変化した。いったいいままでの大学の講義は何だったのかと思う激変が起こったのだ。「丸暗記」というイノベーションとは正反対のような方法が、素材を厳選してプロが徹底して付き合うことで現代に有効な方法として蘇ったと実感する。

折しもノルウェーからプロダクトデザイナーがリサーチに来た。なぜ京都にと聞けば、小学校の低学年にいち早くタッチパッドの教育を導入したが、逆に学力が著しく低下し、手を動かす教育のヒントを伝統産業の残る京都に探しにきたとのことだった。SNSは確かに便利なツールではあるが、自らの力でオフラインにすることが難しい段階で不容易に手を出すと、それが江戸時代の五人組のような相互監視のシステムとしても機能することを理解しておくべきだ。わざわざバーチャル空間でまで、当たり障りのないお付き合いの場にするくらいなら、オフラインで少し分厚目の文学書を読む豊かさにひたってほしいと思う。

透明なドローン——テクノロジーと人類の狂気

阪神・淡路大震災の前後から、インターネットを介したテクノロジーに興味を持ち始めたことと、大阪の中津で開校したIMI（インターメディウム研究所、現・IMI／グローバル映像大学）の講師として参加する時期がシンクロした。一九九七年には一〇〇×一〇〇のマス目のひとつひとつに、JPEGとGIFの画像データをサーチエンジンに読み込ませ、遠目で見るとサイケな絵になるというウェブサイトのプログラムで小さな賞をもらったりした。いずれ画家の仕事でさえも、AIが奪う時代が来るという警句だった。しかし、二一世紀がスタートするその時に『ワイアード（Wired）』に掲載されたコンピュータ技術者であるビル・ジョイの論文[*3]〔「Why the future doesn't need us」〕には相当なショックを受けた。それはロボット工学、遺伝子工学、ナノテクノロジーをこのまま何の規制もかけずに放置すると、それらが融合して人類は滅ぶかもしれないという衝撃的な内容だったのだ。

その後、携帯電話を使って遠隔操作可能なロボットを水戸芸術館に展示してテクノロジーの暴走に対する危機感を作品化していたが、二〇〇六年にMITのメディアラボでアーティスト・イン・レジデンスに参加する頃になると、テクノロジーは軍事目的への転用という単純な物語を迂回して「理想的な善という狂気」に向かい始めているのではないかと思うようになった。それは二〇〇五年にアメリカで出版されて話題となったレイ・カーツワイルの『The Singularity is Near: When Humans Transcend Biology』(『ポスト・ヒューマン誕生』という邦題でNHK出版から二〇〇七年に上梓)に事例報告されているので、大著ではあるがこの分野にご興味のある方はご一読いただくとよいだろう。

人間より人間らしいAI

この話の流れに従うならば、ここでSFの話を持ち出すのが筋かもしれないが、僕の認識ではSFが得意とする複雑なプロットと現実は全く異なり、AIの侵入は極めて自然に何の変哲もなく起こると考えている。

それは放射線のように色も匂いも気配もなく、気がつけば生活の一部に組み込まれてしまうのだろう。それはスマートフォンや近くのコンビニから、そして郊外の家電量販店からやって来るだろう。すでに監視社会は人間とAIの双方からSNS内部で起こっているし、グーグルのストリートビューはプライバシーとは何かという問題など消し去っている。

我々がハリウッドのSF西部劇で悪のロボット帝国の逆襲を見ている横で、十年もすれば執事のロボット掃除機ルンバは静かに我々の粗相を見張るようになるかもしれない。そうなればルンバだけではない、冷蔵庫も洗濯機も電子レンジも、すべては知性を備えて我々の粗相を見張る。スマートフォンやＷｉＦｉ（公衆無線ＬＡＮ）が、電子レンジに極めて近いマイクロ波を出すことを知っても日常の快適を優先するように、静かなＡＩが寄り添う暮らしの快感を誰も手放さなくなるだろう。

　すべての境界はうっすらとした不安のみを残して消滅する。洞窟に潜むテロリストを探し出す無人航空機ドローンたちも、KMel Robotics社[*4]〔ロボット技術をベースとしたハードウェア開発会社〕によって平和を愛する使者としてレクサスのＣＭに登場し、昆虫の論理回路を実装して分散自律型で群舞するという見事な飛行を見せた。すでにチェスにおいて人間がＡＩに勝つことは難しいが、将棋の世界でも二〇一五年春を最後にコンピュータ将棋ソフトウェア「ツツカナ」などの将棋ＡＩと、プロ棋士の団体戦対局はなくなることになった。理由はＡＩにプロ棋士が勝てなくなってきたからだ。今後はプロ棋士とＡＩがタッグを組んで共存関係を築くとのことだが、将棋の名人たちが口を揃えて「対戦したＡＩは人間よりも人間らしい」と、不思議な表現をしていたことが印象的だった。

　これらのニュースはカーツワイルの言う科学技術の進歩で人間を越える知能が生まれる時、つまり「Singularity（特異点）」は、二〇四五年までに突然やって来るのではなく、すでにもう我々の周辺に浸潤し始めていることを示している。表層でメディアが人類対ＡＩという西部劇のプロットを追っている間にも、恐ろしい速度で進化を続ける現場では、理想的な人間とは何かを求めて、ＡＩたちがプログラミングをし続けているのだろう……。

そうなれば悪を排除することは当然として、よりエレガントになった彼らは、ＳＦにありがちな宗教的善行や天国の偽装も簡単に見破って、喜怒哀楽悲喜こもごもの下町を生きる寅さんとして、悩める我々に救い（？）の手を差し伸べるのかもしれない。人間臭さや感動や無様さまでも彼らにコピーされたら、我々はどこに行けばよいのだろうか。……私たちの知らないところで、それは静かに始まっているに違いない。

＊1　「Art Review」　世界で最も影響力のある現代アーティストや批評家、キュレーターなどをランク付けしている。http://artreview.com/power_100（二〇一五年二月アクセス）

＊2　『ゴドーを待ちながら』　一九五三年にパリで上演された戯作。爆発的な成功で世界各地の演劇に強い衝撃を与えた。

＊3　「Why the future doesn't need us」 http://archive.wired.com/wired/archive/8.04/joy.html（二〇一五年二月アクセス）

＊4　KMel Robotics 社　二〇一五年にクアルコム社によって買収されている。

第三章

小さき者の戦略

「スーパー・ドット」のネットワーキング

二章では、見えないところで静かに変化する「何か」を探ってきたが、それらの分析と対応は専門家たちに任せよう。ここでは、アートを使ってその「何か」を「見える化」する仕事に関わってきた立場から、見えない包囲網を打ち破る特効薬「したたかさ」を実装する方法について考えてみる。

ある夜のニュースで、政府は大企業に対してオフィスの地方分散による雇用創出を依頼したと流れていた。よほど体力に余裕があれば無理も利くだろうが、今や大企業もグローバル経済に組み込まれて、激しい価格競争に晒《さら》されている。そうした状況下では、大企業はアーバナイズせざるを得ないということを理解しておかなくてはならない。グローバル経済という森のなかで淘汰圧に逆らって動けば瞬時に巨大企業も傾いてしまう。工場の海外移転が進むなか、シャープが多額の設備投資を行って巨大なテレビの生産拠点を大阪に移動させたことが裏目に出た事実はまだ記憶に新しい。ここまで経済が複雑な動きをするような段階になれば、日本単独で小手先の政策を立てても実効性がないばかりか、大きな火傷を負う他はない。

現在、日本の労働人口のうち大企業が雇用しているのはほぼ三〇％、残りは中小企業で働いているか個人事業主という形態だといわれている。いつまでも国家さえ蝕むグローバル企業の支援を続けるよりも、残り七〇%の雇用を創出している、世界に誇るクラフトマンシップの集積があることに我々は目を向けるべきではないだろうか。なかでもコアなオリジンを持ち、幅広いネットワークで外部とコネクトしている創造的な人間を、僕はかねてから「スーパー・ドット」と呼んでいる。スーパー・ドットには共通する特徴が見られる。

まずは彼らが生み出す製品や商品には徹底したコダワリがあり、そのことによって意識の高い生活者とビジョンが同期すること。また彼らはSNSなどを活用したネットワーキングに積極的に努めるため、顧客が単なる消費者ではなく、熱狂的なエバンジェリスト（伝道者）となって独自に営業を開始することだ（営業費と広報宣伝費が不要）。そのようなファンは、国内に留まらず世界に拡がるネットワークを持っていることが多く、自然な流れとして海外にもファンが生まれる。そのファンたちが集まって個人輸入を開始し、その流れがレストランやショップを動かして安定的な輸出へと発展してゆく姿を僕はしばしば目にしてきた。

もちろん巨大な企業の収益がもたらす税収と比較して、スーパー・ドットたちの取り組みは比較にならないほど微々たるものかもしれない。しかし数値に表れない人々の幸福感や未来に対する信頼の醸成力を勘案すると膨大なエネルギーを秘めていると実感する。こうしたメイド・イン・ジャパンを発信するインキュベーターやスーパー・ドットを育てることが、今後も繰り返すであろう経済危機に耐性を持つ雇用を創出することになる。

また、設備維持コストが安く移住や子育てに伴う支援の充実した地方に未来を担うイノベーターたちを分散させることも重要だ。少子高齢化問題へのソリューションともなり、この国の持続可能性を高め、ひいてはそれをより確かなものにするだろう。

日本は戦後大企業に資源や政策を集中させて、一瞬ではあったが、世界一の経済大国になった。それ自体は素晴らしい歴史的な事実として記述されてよいのだが、急速に時代が変化しているいま、過去の成功体験に引きずられているとしたら不幸なことだ。

規模の経済を求めない

七章でも触れるが、小豆島では、スーパー・ドットの活躍事例が誕生し始めている。たとえば、醤油。日本酒などに比べて単価を上げることが困難な素材だが、大量生産に踏み出さずに伝統製法にコダワっている蔵元が注目を浴びている。江戸時代末期から受け継がれてきた木桶のなかで天然の酵母と乳酸菌が四年近い歳月をかけて醤油を造る。多くのメーカーがポリタンクで半年もかけずに造るなか、この島の蔵元には、プライドを賭けて伝統製法を守り抜いた人々がいた。千本を越える木桶を保存して醤油製造を行っているのは、この島だけだろう。

なかでも若手を代表する蔵元は、マージンを取られるネット通販サイトは利用せず自社のウェブサイトから直販のみで販売を行い、カリスマ的な存在となった。そして、その心意気に惹かれるように若いカップルが小さなレストランを開くケースも増加しつつある。こじんまりしたレストランなのだが、他人に紹介しようとすると、「店について絶対にネットに載せないでほしい」と言われる。せっかく瀬戸内国際芸術祭でたくさんの人が来るのにもったいないと、無頓着に思ってしまうのだが、芸術祭のある三年に一度だけ、もしくは土日だけに人が押し寄せることを期待する思考法自体が過去のモデルなのだ。

その店はいつ行っても地元の奥さんたちで賑わっている。一切の宣伝をせず静かに、有機野菜や地元の魚を使って、質を維持できる数の顧客だけを受け入れている。この方法は、二一世紀の持続可能社会のモデルとして実にエレガントである。この蔵元とレストランに共通するのは、SNSやネットを過信せず、選択的に利用しながら信用を保つというクレバーな戦略を注意深く選んでいる点だ。一過性の物見遊山の顧客を避け、目の肥えたファンを大切にする。こうした在り方は、規模拡大の挙句、顧客離れを起こしてレッドオーシャンでもがくハンバーガーチェーンとは好対照だ。点>線>面と拡大する近代の強迫神経症的な成長モデルを見直し、「点」でおおいに結構というスーパー・ドットを国土に分散させ、可塑性の高いネットワークを構築することは、やわらかく国土を強靭化しているのではないだろうか。

「オムニチャネル」から見えるもの

現在、多くの実店舗は、ネット購買者のショーウインドウと化して売上の低下に悩んでいる。前述のスーパー・ドットの事例は、こうしたショーウインドウ化から逃れたブルーオーシャンに位置することで強い生命力を勝ち得ている。しかし、すべての人間がコアなオリジンを持つドットになりきれるわけではないだろう。

一方、消費者の側から考えても僕のような時間なし人間は、翌日に商品が届くネット上の棚を夜中に漁るという行動を取る。なぜなら実店舗に行ってもサイズや色がなく、時間もガソリンも無駄になってしまう経験が重なるからだ。おまけにさまざまな立場の意見を口コミで聞き、商品の細部を写真で拡大しながらじっくり検討が可能（横で店員にうるさく言われない）、シューズまでもサイズが合わなければ無料で返品できる。となると、だんだんネットにひきこもるようになる。

こんな人間に実店舗に足を運ばせるのは容易なことではないが、それをなんとかしようというのが「オムニチャネル・コマース」。ネットと実店舗を対立項と考えず、ビッグデータの解析を元に新たな価値提案を行うハイブリッド戦略だ。いままでの上から目線ではなく、徹底的に僕のような顧客をモデル化して、その個人が購買行動の多様化を図るべくプログラムされている。ひとつ、自分を実験台に実例を挙げてみよう。

ストレスが溜まると僕はデジタルカメラが衝動買いしたくなる……。この時、最初に情報に出会うのは意外に仲間うちの噂話だったりする。僕はフォトグラファーのようなトップランナーではないので、誰かが持っているカメラの自慢話を聞いてそこから衝動が起こることが多い。その場でスマホからまずは「価格コム」にアクセスしてユーザーのレビューを見る。もちろん十分眉に唾を塗って拝聴することを忘れない。

ここで一か月ほど通販サイトの欲しいものリストに入れて放っておくのである。この期間が半年に及ぶこともあるが、そこからおもむろに購買の検討に入る。ポイントが貯まるショップと、ポイントはないがその分安いショップなどいろいろあるが、僕は最終的に保証のこともあるので、ネットで注文したものを最寄りの実店舗で受け取れるものを選ぶことが多い。オムニチャネルは、この「実店舗で受け取れる」というシステムによって、顧客が初めて足を運んだ店舗で他の製品を手に取る機会を創出することに繋げているのだ。

購入のプロセスには実に複雑な選択肢があり、決して値段が安いというだけの理由で購入先を選択しているのではない。すでにおわかりのことと思うが、オムニチャネルという複雑なマトリックスを解析して成立させ得るのは、膨大な消費者心理の彩を解析しているスーパーコンピューターの存在があるからだ。結局のところスーパー・ドットクオリティを追求することで、コアなターゲットの支持を得るか、スーパーコンピューターの解析（ＩＴ）を瞬時に実店舗（ロボット）にフィードバックさせる巨大システムの末端として実店舗をコンビニに換装するか……。結果的にどこまで行っても二者択一のジレンマに絡め取られてしまうことをどう考えるのか……。どちらにも属せない小売店舗はどうサバイブすればよいのか……。一見可能性が拡大しているように見えるグローバル化によって発生する新たな二項対立は、終わりの見えないマトリョーシカのように振る舞い続ける。

要するにオムニチャネルなどトレンドを語る言葉は未来永劫出現しては消えてゆくプラシーボのようなものと考えたほうがよい。駅のキオスクに並ぶ本も我々の悩みを何も解決してはくれない。ゆえに「問題は解決しない！」ということを笑って理解しつつ、変化し続ける現実を学び続けて実践に移すアクティブな姿勢を身につけることとしかない。

勧善懲悪の物語に加担しない

さて、本題の「したたかさ」を考えるうえで大事なのはここからだ。二章ではさまざまな危機について、特に金融のグローバル化による格差拡大や資源の収奪という特性について少し触れてみた。そこでは新自由主義の凶暴な振る舞いに触れたが、だからといって指をくわえて見ていても、やられっぱなしになるだけだ。我々はしたたかでなければならない。

金融に対して悪や悲劇をイメージしたり、描いたりすることは実に容易《たやす》い。メディアも真実を追求して誰にも振り向かれないことより、部数や視聴率がアップするので、悪を生んで攻撃することを選ぶ。しかし本来の民主主義は、多数意見で少数意見を抹殺するのではなく、数の多少に関わらずお互いに最善手を求めて相談工夫する仕組みだと思うのだが、なかなかそうはゆかない点がもどかしい。さまざまな問題はあるにせよ、マネーのお世話にならざるを得ないことを肝に命じておこう。たとえば実際に原発に替わる自然エネルギー研究を強力に推し進めようとする際にも、少しでも先行しようとすれば巨額の資金調達が必要となるものだ。

前章で『ネクスト・マーケット』を取り上げた際にも登場したペンシルベニア大学ウォートン校の教授にまたも登場願うのだが、フランクリン・アレン教授とミルケン研究所のグレン・ヤーゴ教授の共著による『Financing the Future』（邦訳『金融は人類に何をもたらしたか』東洋経済新報社）にはその悩みが豊富な実例を元に紹介されている。そこで展開される議論は、善悪の対決ではなく最善策にたどり着くために犯人探しを一旦棚上げにして問題解決に取り組むという冷静な姿勢である。どちらかといえば英語が苦手で鎖国願望の強い日本人には、「悪のグローバリゼーション」という物語は受け入れられやすいことは明白だ。

しかし人類がアフリカから世界へと散らばった十万年前から、基本的に我々は休むことなく「外部」を植民地化し続けてきたのだと思う。このホモ・サピエンスの貪欲さそのものにバグがあるとすれば、資源争奪という悪夢を見ずに持続可能社会の実現は可能なのだろうか。すでにアメリカのサブプライム・ローンや日本の派遣労働という形で、われわれに向かって反転する「外部」は、国民国家の胎内に「イスラム国（ＩＳ）」の支配地域のような模様を描いて浸潤している。

グローバル金融の暴走を悪と片付けて敵視しても問題は何も解決しない。教授は著作のなかで、「われわれは、『真の』金融イノベーションと、投機と詐欺だけのために意図的に不透明な金融商品を考案することとは、全く違う立場である。『真の』イノベーションは、透明性を上げ、リスクを数値化して低減し、特に資本が必要とされている分野に資本を向かわせる新しい方法を見つけることである」と語る。

夢想かもしれないがＡＩが人類を奴隷にしないために、金融工学をこれ以上格差拡大のエクスカリバーにしないため、我々一人ひとりが「したかかに」勧善懲悪の物語に加担しないように心がけなければならない。

憲法を学ぶことはもちろんだが、未来を担う高校生以上にぜひ読んでもらいたい本をもう一冊。やや数式は出て来るが、神取道宏先生の『ミクロ経済学の力』（日本評論社）を強くオススメしておこう。グローバル化につける薬は一生学び続けることを愉快に思う人として育つことなのかもしれない。

インドのスモッグ

インドのケララ州コーチといってすぐにピンと来る人は女性かもしれない。僕は健康にはほとんど頓着しないので、アーユルヴェーダやヨガの本場として当地を訪れる人が多いと現地に来て初めて知った。ホテルのフロントで「いかがですか?」と言われたが、体が軋むヨガなんてまっぴらゴメンとお断りしてベッドの上でダラダラ原稿を書いている。なぜ、せっかくインドに来て何もしないでホテルにいるのかといえば、到着初日にゼネストがあってホテルに缶詰になってしまったからだ。

朝食を終えて意気揚々とビエンナーレ会場に行こうとしたら、コンシェルジュが満面の笑みで「今日はゼネストだから交通機関はすべてストップ。店も全部閉まっているからホテルにいたら?」と言う。インド初日からゼネスト! 驚天動地でデリーにいるアート・コーディネーターのKさんにメールしたら「そこは社会主義色が強いエリアですよ」と、彼女のメールの文面から笑っている様子が伝わる。労働者という階級が消滅してしまった日本では、ストをすると犯罪者のような目で仲間に見られるほどグローバル化が浸透しているので、当然抜け駆けしているショップがあるだろうと思って街に出てみたら、パーフェクトな連帯感。

普段なら激流のようにとめどなく走るバス、トラック、リキシャ、バイクの洪水が死の街のように消えてしまっている。ところどころに懐かしいカマとハンマーの赤旗がはためき、タイムマシンに乗ったような光景。ミネラルウォーターだけでも買おうと思ったが、それも叶わず。泣く泣くホテルに戻ったのに、奇妙に清々しい気分になったのはなぜだろう……。

さて、件のコンシェルジュが「明日は大丈夫！」とウインクしたのでそれを信じて翌朝を待った。詳しく話を聞くと、なんと月に二、三回はゼネストをやるらしい。バングラデシュでしょっちゅう停電するのに、みんながそれを織り込んで「笑いながら」暮らしていたことがふと頭をよぎる。我々はすぐに効率にとらわれて停電やゼネストを社会悪のように叱責するが、猛然と経済発展するインドが、毒も薬も飲み込んで、したたかに笑うタフネスぶりに一本取られたと苦笑いした。

透明さと不透明さの間で

さて、今回コーチに来たのは「瀬戸内国際芸術祭２０１６」の小豆島町エリアのディレクターとして、日本に招待するインド人アーティストに面会することが目的である。インドで暮らすKさんに紹介され、すでに多くの作家をウェブでリサーチし、二回目のコーチ・ビエンナーレ（ボートで巡る感じがヴェネチア・ビエンナーレに似ている）とデリーのアートフェアを巡って作家の最終決定をする予定である。この仕組みもヴェネチア・ビエンナーレで作品を見た後、スイスのバーゼルで開催されるアートフェアで作品を買うというパターンを踏襲しているので、アーティストを選ぶキュレーターの立場からも、作品の購入を考えるコレクターの立場からも都合良く設計されているのは当然である。

朝食を済ませ、昨日の静寂が嘘のようにクラクションが鳴り止まぬ街に出る。対岸にあるホテルから歩いて船着場に行き、片道八円（外国人も同一料金）を払って一五分ほど離れたコーチのフェリー乗り場で降りる。すぐにリキシャが集まり「乗れ」と誘うが、最初に会うアーティストのスタジオが歩いて行ける距離にあるのでほこりっぽい雑踏を歩く。穀物倉庫が並ぶ細い道には袋を満載したトラックがぎっしり並び、屈強な男たちが積み下ろしの真っ最中だ。こぼれた穀類にはヤギが群がり朝食を貪っているが、障害物レースを楽しむようにリキシャとバイクがヤギと人をかすめながらスレスレに行き交う。

現代のアーティストという生き物は奇妙なもので、海岸沿いの壊れそうな穀物倉庫やスラムのはずれなど、広いスタジオが確保できる場所に集まる習性がある。日本の港湾エリアは管理が厳しく、アーティストが好んでもスタジオにできるような空気はないが、ここコーチにはコロニアル時代の素晴らしい倉庫が無限に連なり、我々には天国にも似た光景が展開する。途中で数人に場所を聞き、比較的スムーズに彼女のアトリエに着いた。ゆっくりミーティングをした後、リキシャをつかまえて会場へ向かった。やたら愛想の良い運転手が超巻き舌英語で何やら話しかけてくる。聞けば「一か所寄り道すると昼飯がもらえるから寄ってもいいか」と言う。嫌な予感はしたがOKすると、速攻で土産物屋に連れてゆかれた。もちろん想定内なのでぐるりと見てから何も買わずに再びリキシャに乗ってチケットブースに着いた。運転手に値段を聞くとなにやら浮かぬ顔でこちらを見る。殊勝《しゅしょう》なことに値段は「気持ちだけでいい」と言うので理由を聞くと、客を五分店に留めればランチをくれるのだが、僕の滞在が二分だったのでランチをGETしそこねたというのだ。

まあ騙されたとは思ったが大笑いして彼に少し多めに料金を渡して別れた。信号はめったになくリキシャのメーターもお飾りだが、こんな具合で何もかも自己責任で過ぎてゆく。おそらくインド各地からアーティストたちがこのエリアに制作拠点を移している理由は、気候の良さやスタジオの広さという環境面だけではなく、ケララ州の人々の不思議なゆるさという点にもあると感じた。

昨日ゼネストで遠くまで見えた街並みが今朝はスモッグで霞んでいる。よく行く上海と同じ光景が南インドのアラビア海に面するリゾート地も覆っているのだ。世界の工場を引き受ける中国とインド。環境と人件費に配慮すればコスト高になる。すると我々が製品を買わなくなることは明白だ。みんなが鼻の穴を黒くしながら明るく生きる他ないのかと胸が痛む。

僕が小学校のころ、日本もそうだった。高度経済成長の真っただ中、枚方の香里団地から西を見ると空は濃いオレンジ色で夕方は刺激臭で窓も開けることはできなかった。当時の佐藤義詮知事が生駒山を崩して奈良にスモッグを流すと言って物議をかもしたことを思い出す。インドやアフリカがこれから先進国のようなレベルに到達するための格安資源入手先が、この星にはもう残っていないとすれば、近代の高所得定員一五％ルールでさえ適応困難と言わざるを得ない。透明さの横に不透明さが混在し、境界が曖昧になっていることこそノーマルな姿であって、どこもかしこもドバイのような都市になれるとは思えない。

振り返って日本のことを考えると、過剰なほどのクリーンさ（たとえば道路）を維持するためにどれだけ膨大な無駄（石油も精神も）をしているのかと思うと悄然とする。未来に莫大な借金をしてまで隅々の道路をメンテナンスする必要が果たしてあるのだろうか……。自分の家の前のアスファルトが古くなったからといって市役所にクレームの電話をして舗装させるなど民主主義の乱用以外の何物でもない。

スモッグを出したり入れたり（ゼネスト）しながら逞しく生きる人々から学べることも多くある。ある程度の狡《ずる》さやいい加減さを許容しつつ、柔軟で多様性に満ちた良い意味での自己責任社会を築くことは決して後退ではないはずだ。過ぎたるは猶《なお》及ばざるが如し！

第四章

教養2.0

日本語で「読む・書く・話す」力を育てる

日本語で深く考える

グローバル人材を育成しなければという議論が盛んに登場する。早期に英語の授業を行わねばならないと叫ばれている。英語でコミュニケーションが取れることは日本人により多くの可能性を開くことは確かであり否定はしない。しかし我々の周囲で魅力的な仕事をしている人々を見ると、まずは日本語で考える力と文化的教養の深い人たちであることは疑う余地がない。

特に日本語は、漢字＋ひらがな＋カタカナという重層構造を持ち、外国語の音素を拾ってカタカナとして即時取り込み完了できるという柔軟性を持っている。漢字の本家中国は簡体字で、韓国はハングルで、それぞれグローバル化する世界の情報を母国語に取り込む努力を重ねてきたが、なかでも日本語の柔軟性は特筆できると僕は思っている。

ゆえに、まず日本語に対する妙なコンプレックスは不要である。むしろこの柔軟な言語を用いて深い論理的考察をすることをしっかり学びながら、並行して英語に馴染んでゆくことが重要だ。

また最後に掲載した参考文献を見ても、海外で出版された重要な書籍が、あまりタイムラグなく日本語で出版されている事実がわかる。これは実に素晴らしいと言わざるを得ない。活字離れで本が売れるとか売れないといった議論があるが、五千円を越えるような書籍であれば五百部も売れればペイできる。それを支える人々が日本には十分にいることを忘れてはならない。きちんと作られた本をきちんと買う人たちがいれば、この仕事は持続可能なのだ。

とはいえ僕が教えている大学がビジュアルアーツを中心としていることに起因しているのかもしれないが、近年、学生の間で長い日本語の言い回しを使いこなす力が急速に落ちているように感じている。別の章でも触れたが、LINEやTwitterで日々コミュニケーションを取っているうちに、短文しか必要としなくなった脳が、長い文体を操作する能力を切り捨て始めているのではないかとの危惧がある。長い文章を読み、長い文章を書くことを習慣にすれば、豊富な語彙が身体化する。その語彙が思考する力を深め、ひいては感情を安定させることに繋がる。結果として対話は変化に富み、途切れることなく人を引き寄せる力となり、そこで初めて人格というものがおぼろげに姿を現すのではないかと僕は思っている。

好奇心を身体化する

僕は中学一年から英語教師に反抗し、その後は英語抜きの片肺飛行で大学卒業までサバイバルした。しかし大学院で出会ったアメリカからの留学生と行動するなかで、コミュニケーションを取るレベルの英語は身についた。とにかくその程度の英語力でも、作品の持つ力と相手に対する強い好奇心で、多くの友人が世界にできた。

そして、それを支えてくれたのが高校一年の現代国語の授業ではなかったかと思っている。その授業は、教師が教壇から一方的に教えるのではなく、一人ひとりに現代文学の作家を選ばせ、生徒が交代交代に教師となって六〇分間の授業を他の学生に行うというもので、高校一年生がお互いに教育実習を行うようなものだった。その授業で僕が選んだのが大岡昇平の『俘虜記』だったと思う。『マトリックス』の超スローモーションを言葉に置き換えたような濃密な言語空間を解題するという作業は、ウィキペディアもネットもない時代にはタフな作業だったが、毎日図書館にこもっては発表資料の作成と想定討論の問答集をシミュレーションすることで、与えられる勉強ではなく、墳墓から黄金の破片を発掘する考古学者のような獰猛な好奇心を身体化できた。

それはまさしく自転車に乗れるようになった時の快楽に近かった。そのために、僕はそれ以後独学に対する過剰なシンパシーを抱くという変な学生になっていった。恐ろしい量の情報に囲まれて、変わらないものと変わるものを見極めて学ぶことは実に困難だが、名作と呼ばれる文学作品や古典にじっくりと向き合う日々を送ることが、回り道のようで世界を渡る一番の力になってくれると確信している。

たとえば『論語』というと「何それ?」というリアクションが来そうだが、孔子が教育に関して悩み続けて吐露した言葉には珠玉の輝きがあって、いまもまったく力を失っていない。

ここで僕が一番重要だと考えている章を引用しておこう。述而篇に「子曰、不憤不啓、不悱不発、挙一偶不以三隅反、則不復也」という一節がある。意味は「四隅のひとつを教えたら残りの三つを調べるくらいじゃなきゃダメだ。やる気のない生徒には俺は教えないよ」ということだが、孔子が悩んでいたのは、いかに学びの動機づけが困難かという現実であったと思う。二千年前に書かれた思想を、同じ文字を使って読むことができる！　ああなんて日本語は素晴らしいのだろう……。

相談される人になる

「人の話聞くの、苦手でしょう！」と妻は僕に言う。トークなどに招かれて喋っていることが多いから仕方がないが、意外に黙って話を聞いているときもあるんだぞと逆らってみたい気もする。

とはいえ、周囲の観察眼の方が僕の印象より客観性があることは疑いのない事実なので、ハッカーがウイルスソフトの会社に就職したような奇妙な話しぶりになるかもしれない。幸いなことに、長く教師をしていると、あちらこちらで教え子に遭遇することになる。偏差値階級社会においては、どちらかといえば日の当たらないレイヤーを教えていたので、教え子が大会社の社長になったなどの武勇伝は当然ない。しかし、人生そんなに悪くないと思って生きている卒業生がそこかしこにいて、これが僕を幸せな気分にしてくれる。

瀬戸内国際芸術祭でエリアディレクターを担当した際に、教え子とそのネットワークだけでプロジェクトが動かせるようになり不思議な気分だ。おまけに実際の家族よりも、教え子集団が形成する血の繋がらない仮想ファミリーの方がビジョンを共有しやすいから妙なものだ。その彼ら彼女らが、こんな無責任そうな男にシリアスな相談を持ちかけてくることがあるのだが、その時のテキトーぶりが何年か経つと良い結果をもたらしていることに気がついた。

僕は「うんうん」と静かに（寝てはいない）話を聞いていることがある。しかし特に聞き上手というわけでもなく、時々相槌を打ったりしながら、コーヒーを飲んだり手持ち無沙汰にコピー用紙の端っ子を丸めたり伸ばしたりして時間を潰す。

もちろん正面向いて膝詰めで真剣に話など聞くのは大の苦手なので、ウロウロ白熊のように歩き、夕闇が迫る頃にはいつしか映画の話やら食い物の話になって、結局相談は焚き火の燃えカスのようにしぼんでゆく。

相談が終わって、ドアのところまで見送りながら、僕は唐突に「行けばいいじゃん！」とか「辞めればいいじゃん！」と最後の言葉を投げて笑顔で握手。もちろん重要な案件や協議事項があれば、「対話」の出番がやって来るのだが、僕のところに相談に来る学生は、その時点で腹をくくっているようにも思える。

きっと悩み事ってやつは、誰かに喋っているうちに何分の一かは軽くなって空に上ってゆくのだろう。もちろんその都度的確なアドバイスができれば言うことはないが、下手なアドバイスをするくらいなら、話をしやすいパラボラアンテナのような風体で、ボーッと受け止めるのも大切なのではないかと思う。とにかく最悪なのは悩み相談に行ったらお説教されるというパターンだ。

また、悩み相談の専門家を雇って任せきるのも良くない。高校教師をしている時に、カウンセラーが着任した途端、教師たちが「カウンセラーの先生のところに行きなさい」と簡単に言うようになった。そんな仕事がなかった時代には、誰がA子の悩みに向き合えるだろうかと相談しながら適任者を決めていた。夜中に賭け碁をやっている朝帰りの数学教師や、ヤサグレ美術教師たちも悩みながらもパス交換をしていた。

しかし「聞き手」がプロのカウンセラーにとなった途端、結果的に生徒たちは人生経験豊富で不思議な大人たちに出逢うチャンスを逸することになってしまったのだ。一旦専門家が入ってしまうと、無意識のうちに教師たちの自分でやるという気概が失せて冷たい風が吹き始める。本来は、誰もが人の悩みを聞く権利があり、その悩みを聞くことで自分も成長する。こんなに素晴らしい「聞くチャンス」を特定の誰かに渡してはダメなのだ。表現の自由（喋る）という矢印は見えやすいが、相談される矢印というのは見えにくいものだ。

ポジションチェンジの効能

さて、程度の差こそあれ心に悩みを抱えていない人はおそらくいない。だがこの悩みというのが曲者で、自分ひとりが悩んでいると思いがちになる結果、前述したように救済を求める矢印が一方通行になっていることが多いのだ。

そんな経験は誰もがあると思うが、僕が大学院時代に患った仮面うつ病に悩まされていた時、一度だけ心療内科のドアをくぐった経験をお話ししよう。当時はまだ心療内科＝精神病という空気も強く、外来に行くのもアダルトビデオの店に行くような抵抗感が少し残っていた。僕が恐る恐る相談し始めると、カルテを書きながら上の空だった先生がしばらくして、「隣の家の電柱が斜めになっていることが気になって眠れない」と僕に逆相談をしてきたのだ。結局一時間以上先生の愚痴を聞いたうえに診療費を払うはめになってしまったのだが、帰る間際に先生が「君ね、精神科のいいドクターになれるよ！」とウインクしてくれたことを思い出す。

いやはや手を握ったりされなくてよかった（僕の業界には多い）けれど、先生はきっと体調の変化に異常に過敏になっていた僕の心の矢印をクルリと反対に向けてくれたのではないかと、いまになって思う。結局二度とその病院に行くことはなかったのだが（笑）。

ここで立場を替えるという事例でもうひとつ紹介しておこう。バスケット部の顧問をしている時に、あまりにもセンターとガードがいがみ合っているので一計を案じ、センターだけのチーム（ノッポ組）と、ガードだけ（チビッコ組）のチームでゲームをした。

当然背が高い方が有利なので、センターが圧勝かと思っていると、背が高くゴール下で待っているだけの連中はドリブルが下手でボールを運べず、ガードはゴール下が固められて外からのシュートに頼るしかない。結局センターがリバウンドを取らないから負けたとか、ガードがボールを運べないから負けたと思っていた連中が、立場を替えることで、お互いの苦労を知ることになったのだ。

不思議なもので、そのゲームを始めてからは、パスが自在に回るようになり、仲間割れやイジメの数も少なくなっていった。どうやら人間という生き物は、悩みを抱えた瞬間に他人の悩みを聴く能力を得るようだ。人の悩みを聞いているうちに、悩みビッグデータが蓄積され、その豊富なデータが聞き手の悩みを相殺してくれるとしたら、こんなに素晴らしい方法を放っておく手はない。

人間は古代から人だけではなく岩や木や天体の運行に悩み事を相談してきた。人は誰もが、手当たり次第に自分の話を聞いてもらいたいのである。であれば、まずはウォーミングアップ。岩や木の立場になれとまでは言わないが、黙って横に座っている誰かさんの悩みをテキトーに聞くデクノボウになってみるのも悪くない。

違う自分のややこしさ

一九九〇年ごろだったと思う。神戸でドイツから来たキュレーターと会った。特にリサーチというわけでもなく気軽にメールでやりとりをして待ち合わせをしたのだが、三宮のセンター街のカフェに入ってケーキセットを頼んでいたらモヒカン頭の若者が二人入ってきた。

突如彼の顔がこわばった。声を潜めて喋り出し、何を言っているのかわからなくなった。僕が変な奴だなと笑いながらモヒカン青年と話していると、ますます顔面が青くなる。結局三〇分ほど話をしたが、そのモヒカン青年は、財布から四つ折りにした千円札を出し、丁寧にお辞儀をして出て行った。

それを伏し目がちに確認していた彼は、「なぜ彼らがお金を払ったのか理解できない」と、呆然と後ろ姿を眺めていた。「彼らのモヒカンはファッションだから乱暴はしないよ」と言うと、ますますその意味が理解できないと納得しなかった。

日本にいると日本社会は窮屈だと思うことが多いが、ヨーロッパのレジデンスで長期滞在を始めると、意外と国や地域や個人の間も厳しく境界線が引かれていることを知る。それはデザインやアート関係を含め、あらゆるサブジェクト間にも明快な境界として存在する。日本に来る欧米の留学生たちが、学科やコースを越えたプロジェクトを柔軟に行っている我々を見て驚くのは、英語を簡単にカタカナにして取り込む能力に似た日本社会の柔軟性であろう。彼にすれば、ストリートでピアスとタトゥーで極彩色のモヒカンが来れば、ナイフを持って金品を要求する連中であるという認識に至るのは当然のことだ。「ファッション」や「ヤンキー」など独特の深い意味を持つ日本語を理解することは至難である。ヨーロッパ社会には、日本人には理解できないパブリック・ウォールが、明確に人々の暮らしを区切っているように思う。

日本人を分かつ、好き嫌いの境界

ところが、第二次大戦でさまざまなパブリック・ウォールが消滅し、混沌からの再生となった日本には、別の見えざる境界がひとり歩きすることになった。それが、好き嫌いという感情を軸としたナイーブな境界ではないかと僕は考えている。

論理や制度の壁ではなく好悪感情の離合集散が、モヒカン好青年の光景に反映しているといえるかもしれない。この日本的風景をある方向から見ると、それは日本人の西欧コンプレックスの現れで、表面だけ真似したオリジナリティの欠如だという批評が成立するのだが、一方でロジックや倫理の過度な拘束を受けない彼らの振る舞いが、日本型ポップカルチャーの発生因子として世界の若者を惹きつける魅力となっていることも興味深い。

先日もフランスから留学している写真専攻の学生が、若者のコスプレを撮影したいと相談してきたので、大阪南港のATC（アジア太平洋トレードセンター）で毎週末開催されているイベントを紹介した。しかし、彼らヨーロッパからの留学生が、ただ興味本位にカメラを向ける観光客モードでも、インディ・ジョーンズのような古典的人類学者モードでもなく、慎重なサーヴェイの結果として、作品を発表することは容易なことではない。

というのも彼らコスプレイヤーの集団内部では、部外者には全く認識も不可能な絶えざる差異化が繰り返され、細かな分派が刻々と形を変えて離合集散を繰り返しているようなのだ。メディアが十把一絡げに「若者」や「コスプレ」という言葉で輪切りにして見せるが、スッキリ（そういう番組があったなあ）した瞬間に、その対象は全く別の姿として我々の認識を形作ることを内諾しておいた方がよいかもしれない。

しかしこのカードを裏から見れば、コスプレ星団に属する若い星たちは、差異化という強いステートメントを発しながら、気がつけばコスプレという特定の集団に属さないと生きてゆけないという鏡に遭遇する。個と国家というような明快な対立構造を持たない、共同体依存の日本人は、大きなパラダイムシフトや権力の遷移には目を向けず、小さな感情的な差異のなかで、お互いのマニアックな序列化を絶え間なく繰り返すことが多いとしても、目立てば目立つほど為政者にとって好都合な存在になってゆくある種の危うさには自覚的でなければならないだろう。

こうして江戸時代の五人組で培養された「イジメウイルス」がまだまだ猛威を振るう日本社会で、「他人と違う」自分を守るために暗黙の了解でたどり着いた結論が「リクルートスーツ」なのかもしれない。

〝良い人〟という拘束具を脱ぐ

僕は事あるごとに新卒一括採用とリクルートスーツが日本をダメにしていると言い続けてきたが、まだまだこの国は、黒い制服に身を包み、ユニークで創造的な自分が顔を見せないように隠し通さねばならない段階なのかもしれない。外見の差異化は敵味方を簡単に判別できるので為政者にとっては好都合だが、内面の差異化は不可視であるがゆえによりラディカルだ。

しかしその黒いカモフラージュを、自らの思想や思考を守る装置として主体的に使用するのではなく、面倒くさいからという理由で安直に纏ってしまうと、その黒いマントはユニークな個の差異もグレーに染めてしまうことがあるので用心に越したことはない。リクルートスーツも制服も内面の差異化を隠す安全装置でありフィルターとなっていることは認めざるを得ない。しかし、それを社会全体が使用せざるを得ないほど同化バイアスが深刻だとすれば、やはりこの国は病んでいるとしか言いようがないのかもしれない。

目立ってもダメ、目立たなくてもダメ、ではどうすればいいんだ、というのが誰もが悩むところだろう。実はその解決のヒントが六章のインタビューにあると僕は思って取材している。ひとつ特徴があるとすれば「ランダマイズ」ではないだろうか。

量子力学で扱うミクロの世界を突き詰めたときに、現時点ではまだ電子の振る舞いを人類は予測することは許されていない。原子核という構造を壊すことなく、電子は気ままな振る舞いを止めようとはしない（おそらくデタラメが宇宙の本質かもしれない）。インタビューに登場する方々は、社会の軌道にも科学の軌道にも頓着するふうもなく、悠々とかつランダムに運動し続けているように見える。

彼らの思想空間は可塑性に富み、まったく教条的ではない。個人の内部が分裂し予測不可能でかつ豊穣なのだ。日本社会は欧米に見られる社会制度のような外的境界はあるようでない。少し意識をして、まずは「ゆるめる」工夫をすれば、黒で身を守る人が少しずつマントを脱ぎ始めるかもしれない。

学生に時々驚かれるが、僕は月に一度はドライブ・スルーでビッグマックセットを買って車内ランチを楽しむ。裏庭でこそこそシガーも吸うが（人前ではしない）、有機栽培のレストランも愛している。Facebookも、時々マジメなことを書くくらいでダサイ日常をズルズルに露呈している。奇妙なアイデンティティなどというカタカナを放棄すれば、誰もが多羅尾伴内[＊1]〔架空の探偵の名前〕になれるのだ。怪人二十面相は悪として描かれているが、日本人の標準モデルにすればグローバル世界に対して怖いものはない。〝良い人〟という拘束具さえ横に置けば、誰もが新・日本人に変身できるに違いない。

さて、続く五章は閑話休題。僕がオススメするアイデアが溢れ出す七つ道具をイラストとともにご紹介しよう。

＊1　多羅尾伴内　比佐芳武原作・脚本のミステリーシリーズに登場する探偵。時代劇スター片岡千恵蔵が主役を務め、七変化をする痛快なおもしろさが人気を博した。

第五章

コーヒーブレイク

日記で綴る、アイデアが湧く七つ道具

※で…。僕のお気に入りは、シナ合板の天板。
もち無塗りでニスは塗らない。わざと計算式
を書いたりして、どんどん汚してゆく。
粘土も着くし、コーヒーのしみも
だね。付着する。そして
かな… どんどん歴史が
残されて、もっと
質感がやわらか
になる。#

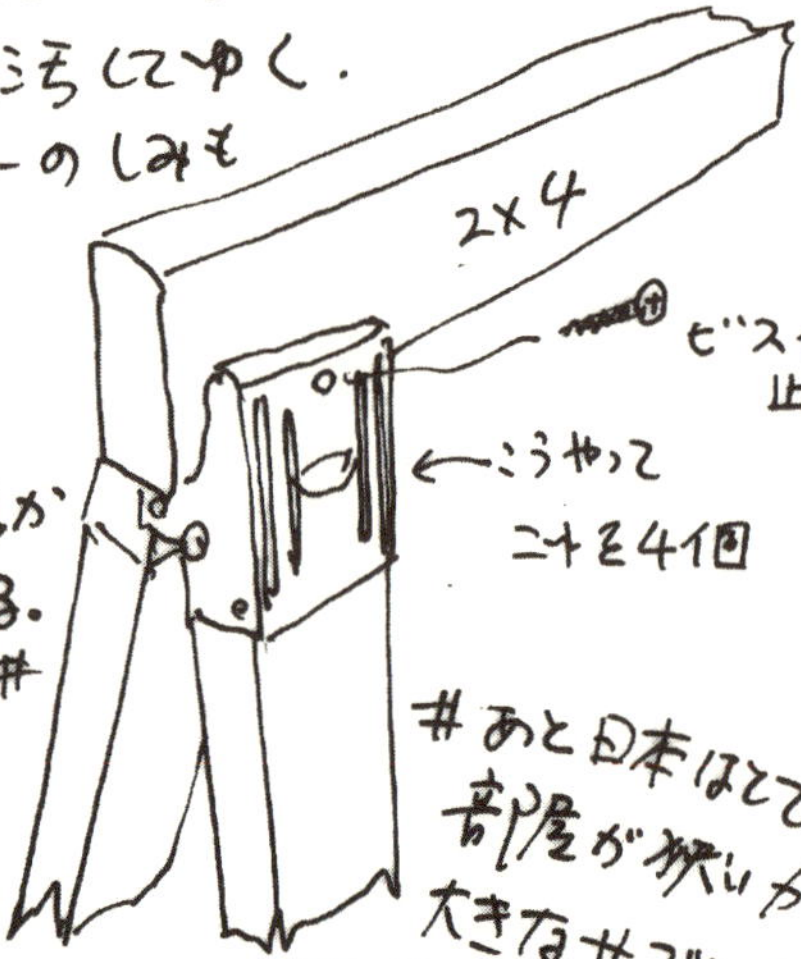

#あと日本はとても
部屋が狭いから
大きなサブロクのベニア板
は作業内容によって
収納したくなる時がある。
やはり日本の空間は可塑性が
高いツールで構成した
方が良いのだと思う。
襖とか
障子とか
濡れ縁…

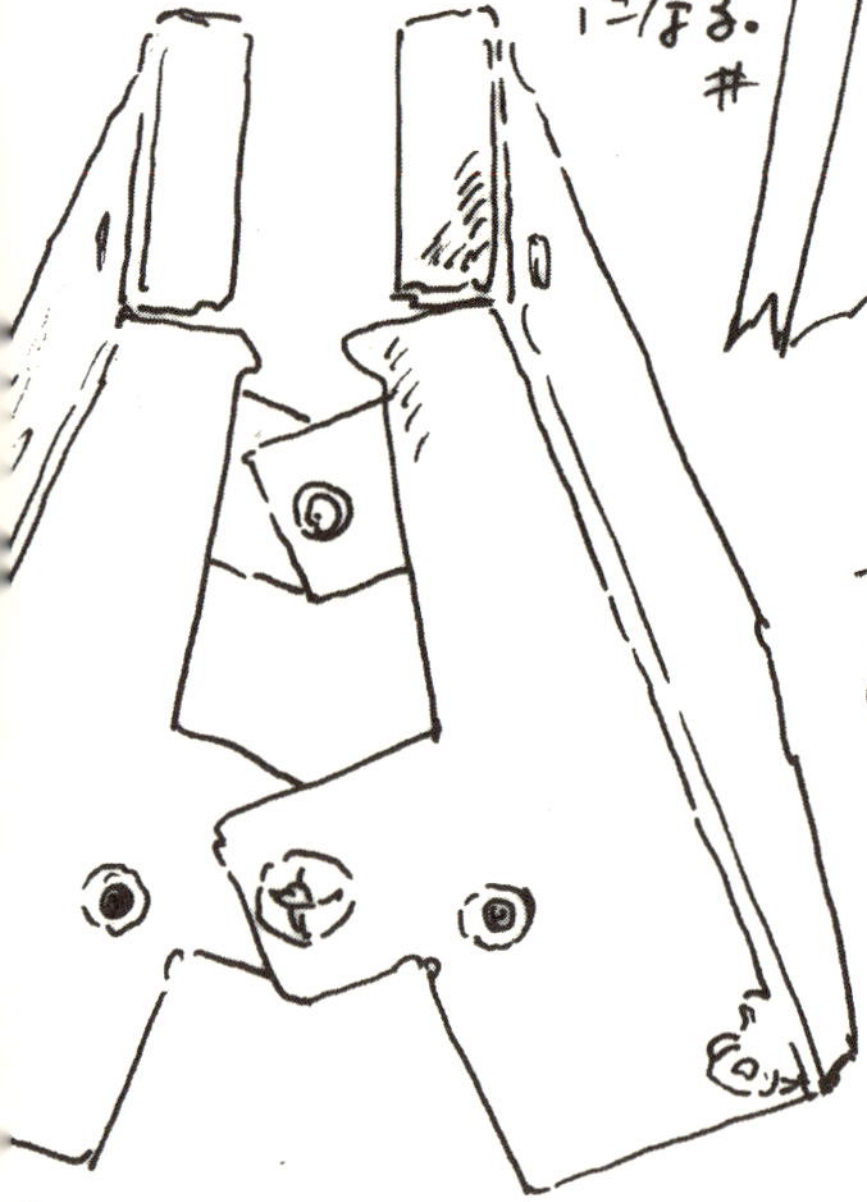

ーホース・ブラケット

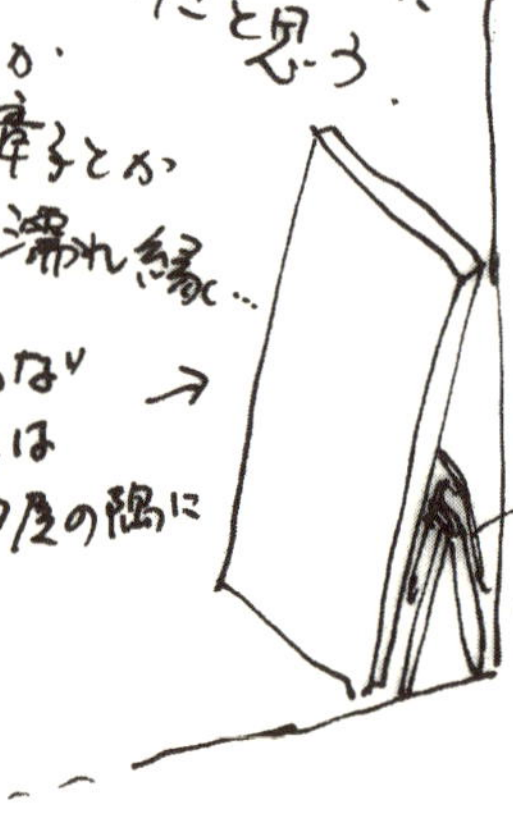

使わない
時は
部屋の隅に →

足はスタックできる。

てもらえば
うでテーブル完成！

日記の1日目はソーホース・ブラケット

1 ソーホース・ブラケット

アイデアがどんどん出る空間造りに欠かせないのが
テーブルだ…。コーヒーが飲めて、ドローイングが出来て
パソコンで仕事もちょこっとやって…。で、模型も作れ
だからデスクトップはすべての世界を繋ぐインターフェ
それが、たったの15分で出来てしまう。でも決して安い早
アメリカ生まれのジーンズと同じように
すごく積極的な力を
出してくれるのだ。
それが今日の主役
ソーホース・ブラケット。
90年代のはじめに
ラホヤ美術館で見た
時は、ホントにびっくりした。

こんなに小さなブラケット
考えた人はエライ!

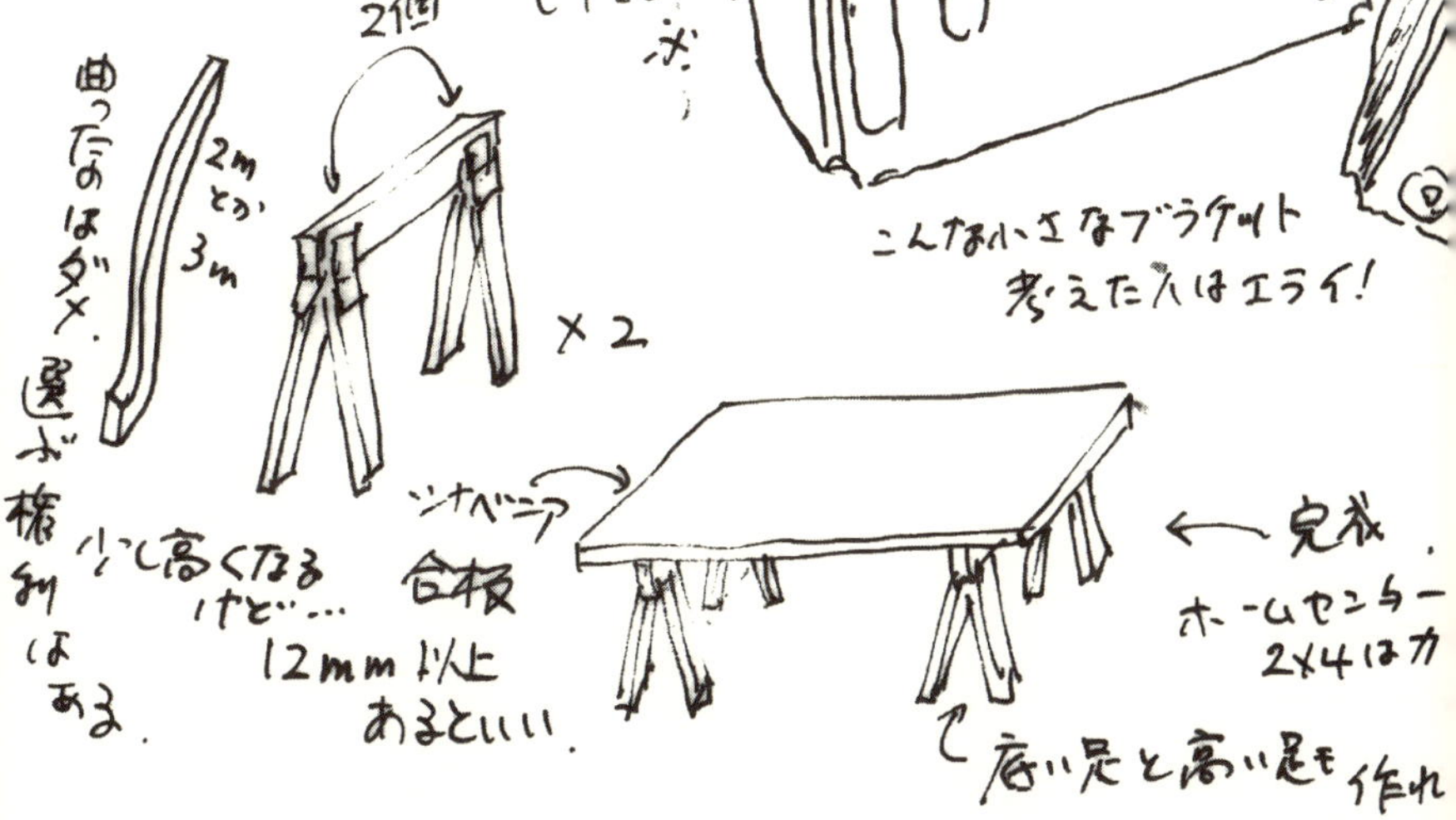

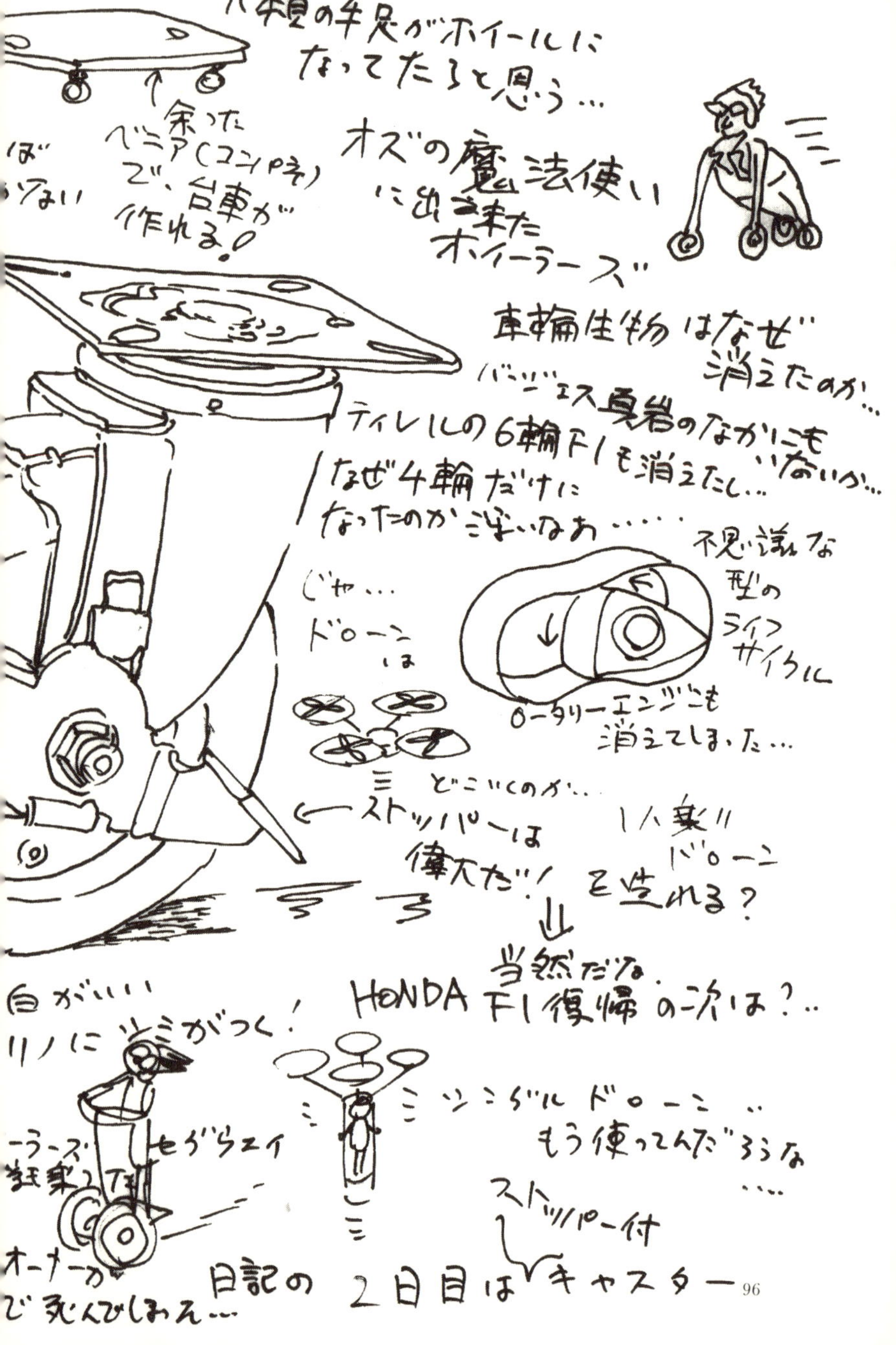

人類の手足がホイールになってたろと思う…
余ったベニア（コンパネ）で、台車が作れる！
ば
ったない
オズの魔法使いに出て来たホイーラーズ
車輪生物はなぜ消えたのか…
バージェス頁岩のなかにもいないか…
ティレルの6輪F1も消えたし…
なぜ4輪だけになったのか深いなあ……
不思議な型のライフサイクル
ロータリーエンジンも消えてしまった…
じゃ…ドローンは
どこいくのか…
ストッパーは偉大だ！
1人乗りドローンを造れる？
当然だな。
HONDA F1復帰の次は？..
白がいい
リノにシミがつく！
セグウェイ
ーラーズ
乗ってた
オーナーが
で死んでしまえ…
シングルドローン…
もう使ってんだろうな….
ストッパー付
キャスター
日記の2日目は

2 ストッパー付きキャスター

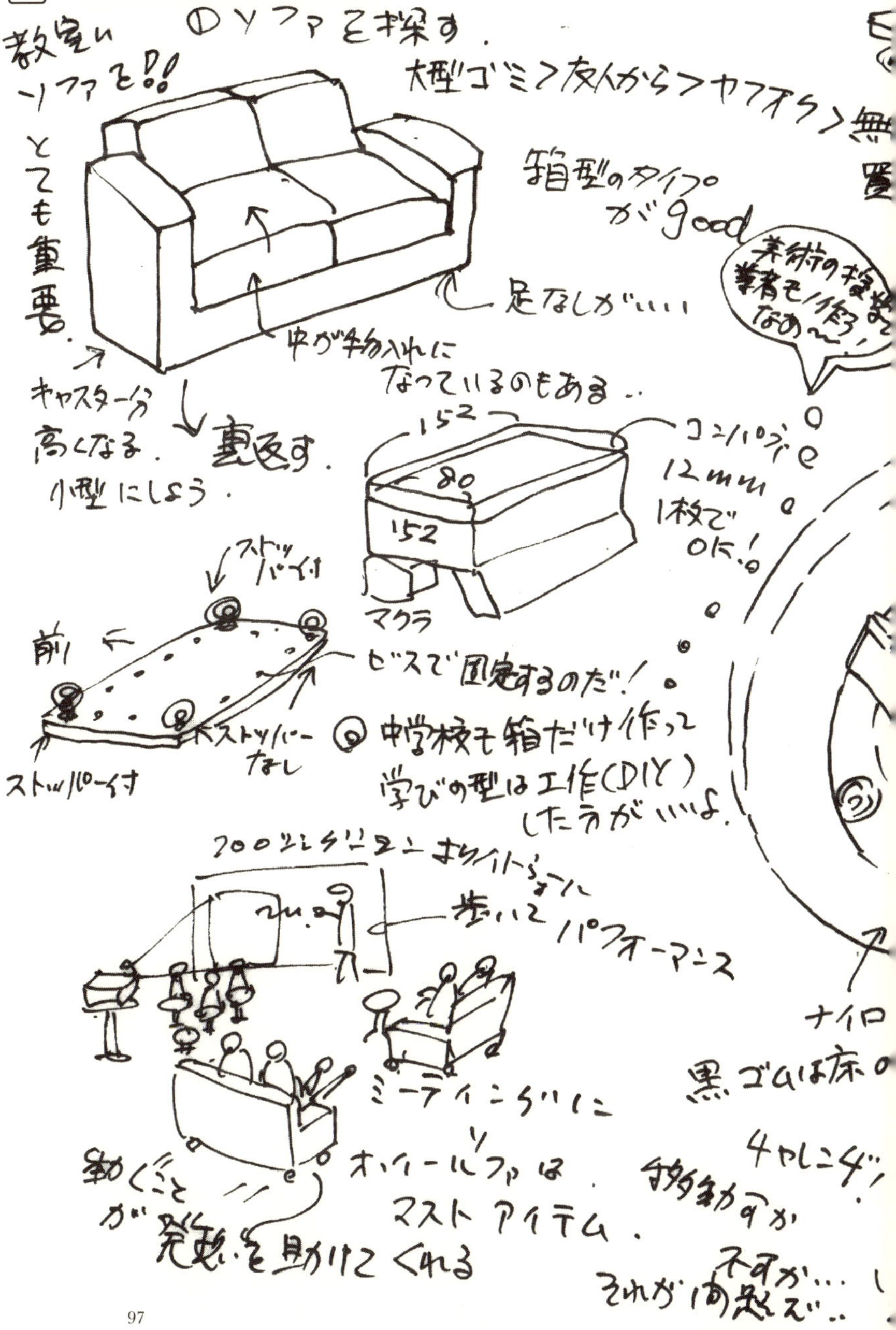
教室に ソファを!! とても重要.
① ソファを探す.
大型ゴミ＞友人から＞ヤフオク＞無
箱型のタイプがgood
足なしがいい
中が収納入れになっているのもある..
キャスター分 高くなる. 小型にしよう.
裏返す.
152
80
152
コンパネ 12mm 1枚でOK!
マクラ
ストッパー付
前
ビスで固定するのだ!
ストッパーなし
ストッパー付
② 中学校も箱だけ作って学びの型は工作(DIY)したほうがいいよ.
歩いてパフォーマンス
ミーティングに
ソファはマストアイテム.
動くことが発想を助けてくれる
黒ゴムは床
ナイロ
それが問題だ..

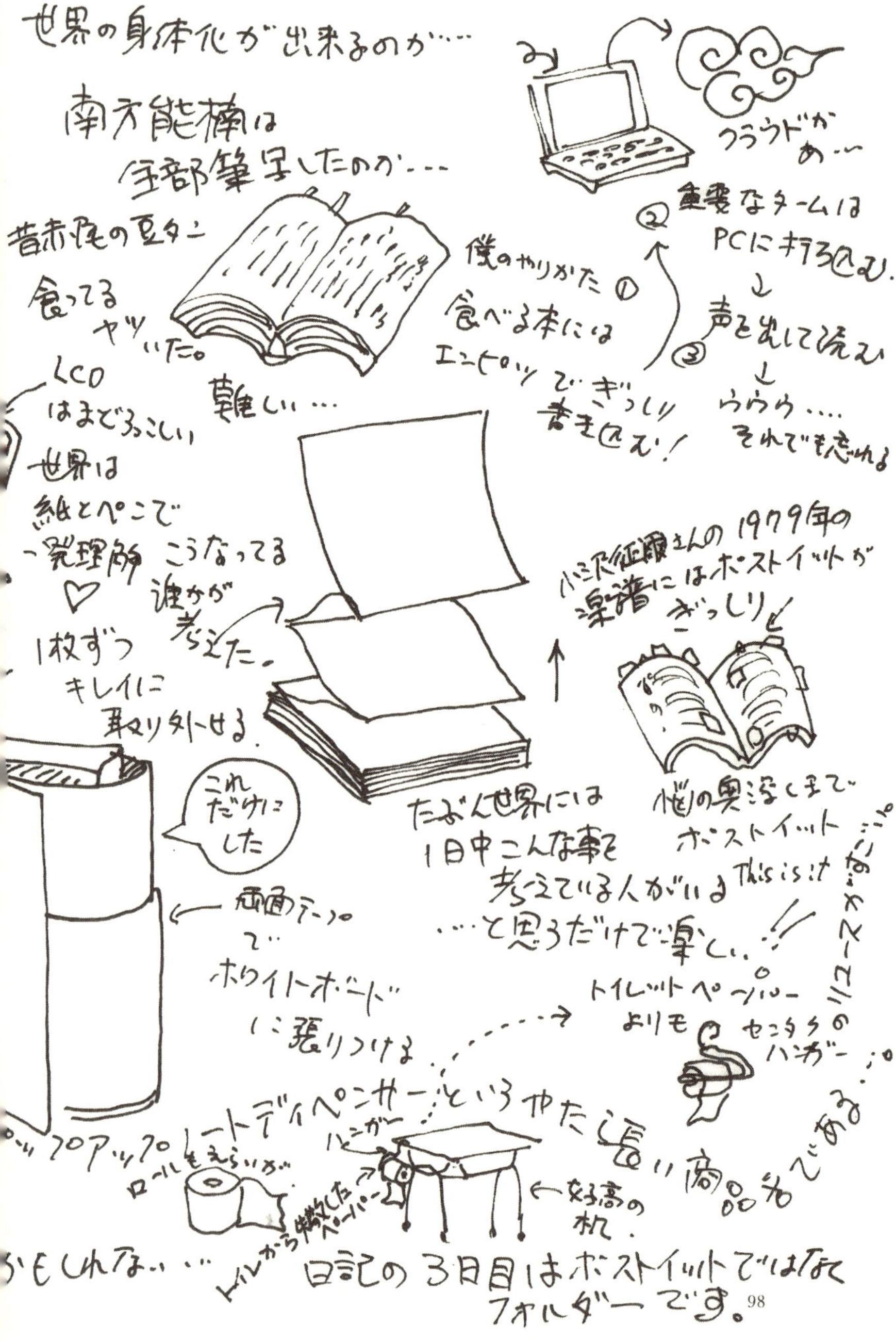

世界の身体化が出来るのか……
南方熊楠は全部筆写したのか……
昔赤尾の豆単食ってるヤツいた。
LCDはまぶしい
世界は紙とペンで一発理解♡
こうなってる
誰かが考えた。
1枚ずつキレイに取り外せる。
難しい…
僕のやりかた①
食べる本にはエンピツでぎっしり書き込む！
クラウドがあ〜
②重要なタームはPCに打ち込む。
③声を出して読む
ううう….
それでも忘れる
小澤征爾さんの1979年の楽譜にはポストイットがぎっしり
懐の奥深くまでポストイット
これだけにした
両面テープでホワイトボードに張りつける
たぶん世界には1日中こんな事を考えている人がいる
……と思うだけで楽しい…!!
This is it
トイレットペーパーよりもセンタクのハンガー…
リユースがすごい…
ップアップ ートディペンサーというやたら長い商品名である…
ロールもえらいが
ハンガー
トイレから徴収したペーパー
好高の机。
かもしれない…
日記の3日目はポストイットではなくフォルダーです。

3 ポスト・イット 強粘着ポップアップノート ディスペンサー

時間の雲
見えるのか…
見るのか
….
TIME
TIME
TIME
TIME
TIME
時間を数直線上で考える不幸
4D
ポストイット2Dだけが3Dも4Dも内包出来る。
ヘテライン
マッピング
地図なのか地形なのか
一発理解る。
とはならないのだ
3D スクリーンがいつまでも2Dのまま
2D
ポストイットの生み出す空間と時間
シャッフル出来るしね。
2Dだし…けど….
ここが差せる
ZERO
まだまだ…PCのインターフェースは良くない。
欲しい時に消えている…
ホームセンターで買いすぎた…
ありすぎてわからな…
どこにいるのか？
いつもバラバラになる。
ポストイットは人類最大のイノベーション
ポストイット強粘着
ツー

日記の4日目はホワイトボードの壁

4 ホワイトボード・ウォール

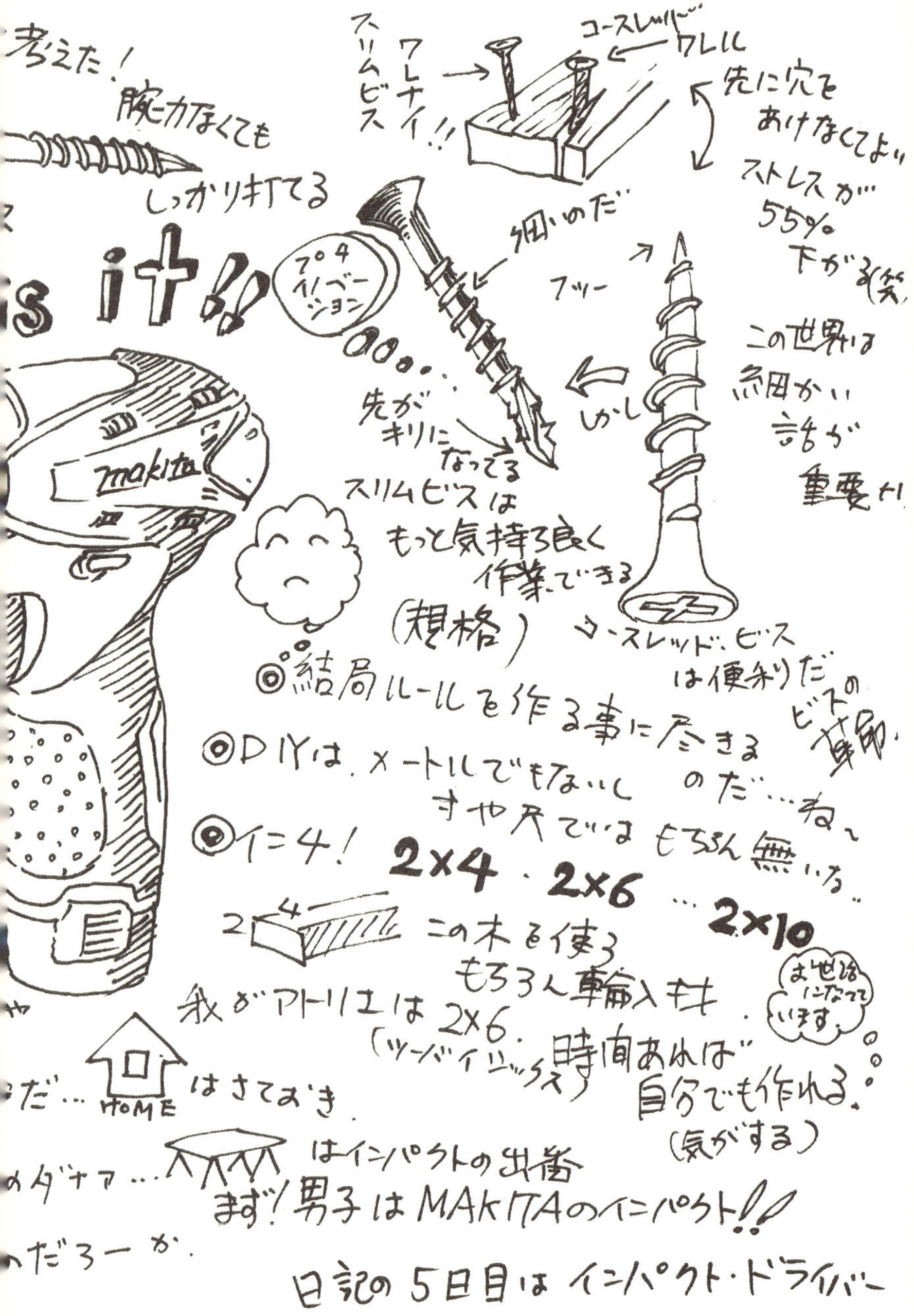
考えた！
腕力なくても
しっかり打てる
s it!!
makita
スリムビス
ワレナイ!!
コースレッド
ワレル
先に穴をあけなくてよい
ストレスが55%下がる(笑)
細いのだ
プ4イノベーション
○○○・・・
先がキリになってる
フッー
しかし
この世界は細かい話が重要!!
スリムビスはもっと気持ち良く作業できる
(規格)
コースレッド・ビスは便利だ
ビスの革命.
◎結局ルールを作る事に尽きるのだ…ね〜
◎DIYはメートルでもないし寸や尺でもない もちろん無いな…
◎インチ！ 2×4・2×6…2×10
2 4
この木を使う もちろん輸入材
お世話になっています。
我がアトリエは2×6(ツーバイシックス)
時間あれば自分でも作れる。(気がする)
…だ… HOME はさておき
…のダナア… はインパクトの出番
まず！男子はMAKITAのインパクト!!
…だろーか。
日記の5日目はインパクト・ドライバー

5 インパクトドライバー

インパクト・ドライバーは
2045年問題をクリア
出来るのか…

認知と判断はAIに
取られる？ ガテンは残る〜

◎毎日現場では
マイクロ イノベーション
◎人工知能は
現場は苦手
◎男子だけなら
生まれなかった！

DIY女子

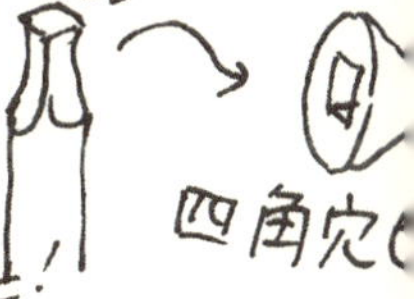

四角穴

四角ビット

あ〜HILTIのケース持って
歩きたし〜！

RED
ORANGE

ガテン系
セレブ感あり！

電動工具のなかで
一番出番多し！

10.8Vのは
軽くて使い
勝手良し

バッテリー2個
チャージャー

BLUE

マキタの
パーツコニケース
欲しい

ケース
フェチ
いますよ…

このケース持って
電車に乗るべし!!
肉食系へテロラヴゥ〜!!

コストカットはケーブルに出る？

BOSCH
makita
は強そうだが
Panasoni
SONY
弱
人はイメージ
弱

BLACK & DECKER
や KYOBI
は逆転出来

硬いビニールキライ！

ハンマードリルとか
ケースを見るだけで
用も無いのに
買ってしまった
ホームセンターの売り切りコーナー〜(泣)

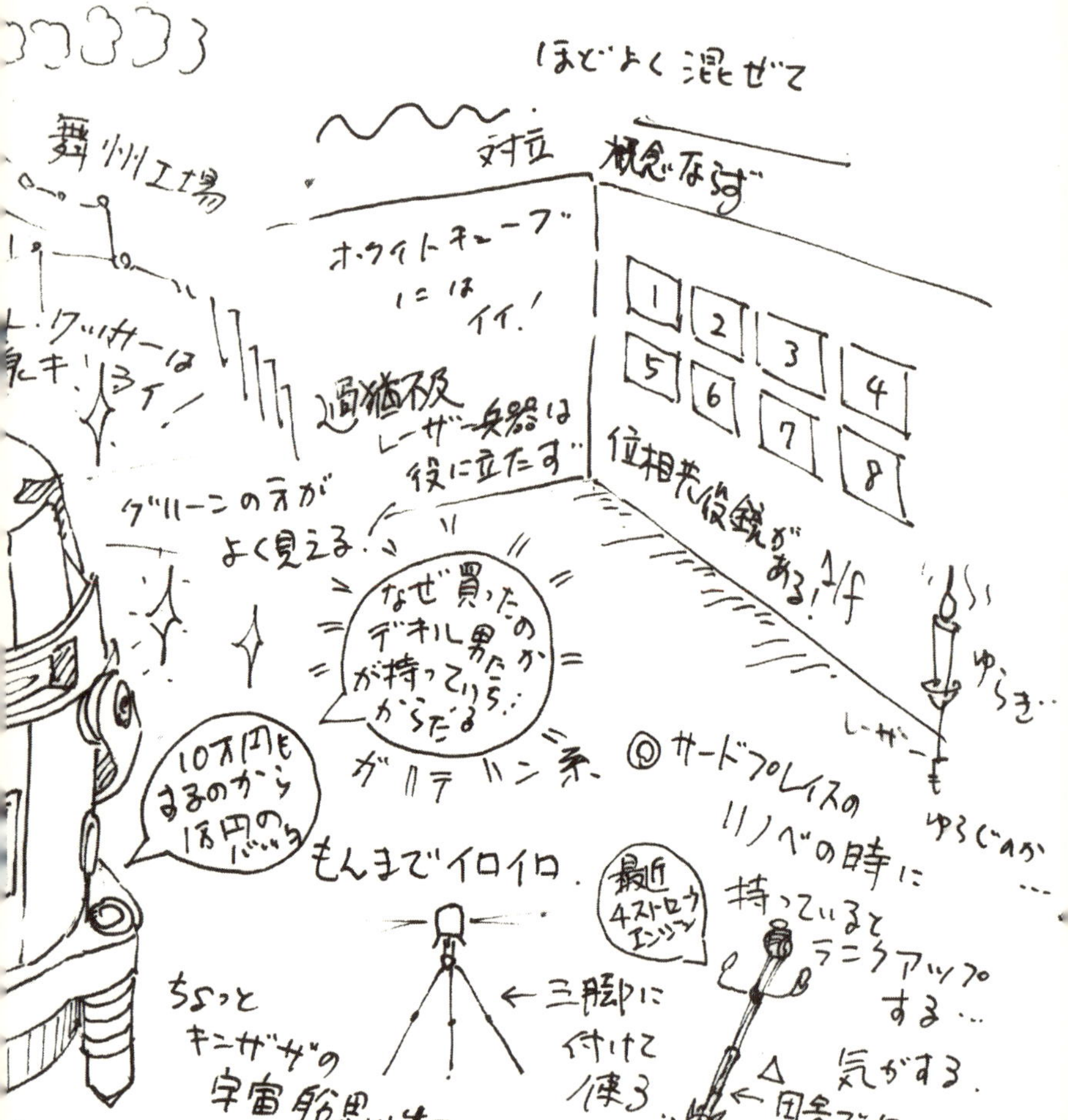
ちょっとキンザザの宇宙船思い出す
←田舎ではエンジン式の草刈り機
Amazon バッタもん多し〜

何も無いのにあるだけでテンション上がるアイテム
いうのは重要で。最初部屋作る時だけでショと言われる…
しかしだ……。アル！僕達のように絵を展示する時には
れがある時！無い時！宇宙で裸で泳ぎなさい
言われるくらいの差があるのだ〜！

日記の6日目はレーザー墨出し器

6 レーザー墨出し器

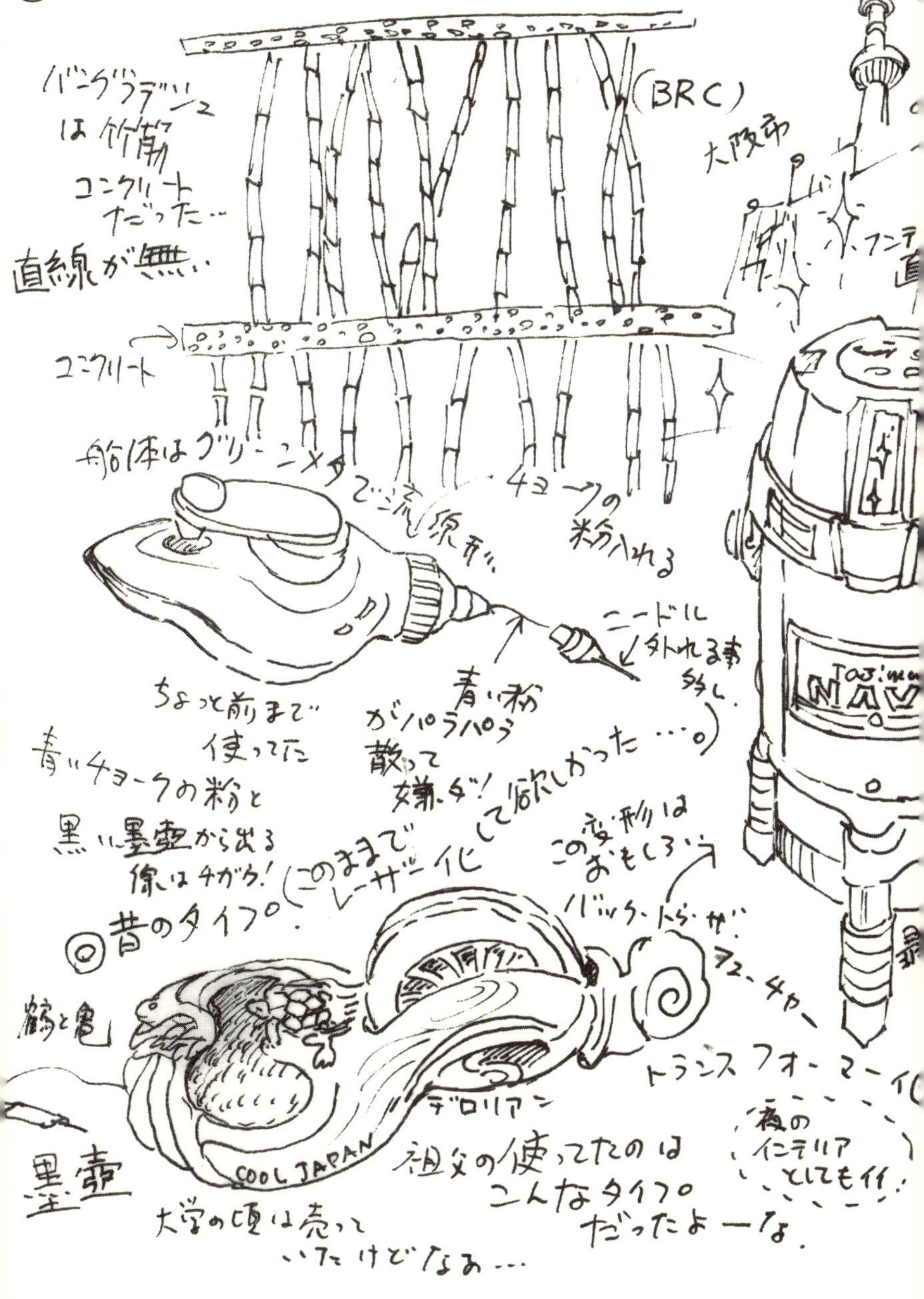

バングラデシュは竹筋コンクリートだった…
直線が無い
(BRC)
大阪市
コンクリート
チョークの粉入れる
ニードル外れる事多し。
ちょっと前まで使ってた
青い粉がパラパラ散って嫌だ！
青いチョークの粉と黒い墨壺から出る線は違う！
このままでレーザー化して欲しかった…。
昔のタイプ
この変形はおもしろい
バック・トゥ・ザ・フューチャー
トランスフォーマー
鶴と亀
デロリアン
COOL JAPAN
墨壺
祖父の使ってたのはこんなタイプだったよーな。
夜のインテリアとしても
大学の頃は売っていたけどなあ…

いて…
何も出来ません
コーヒーの関係って
ミーティングも
ありえない〜
この本は
スバラシイ!
水も
いつまでも
安くは
ないのだな〜
時間と
空間の
フィット感
を重視するので
あるらく
MAXTRA
TECHNOLOGY
ホワイトボードも
白のまま。
きっと……
5〜6人の
ミーティング
これが来て
スピードが…
あがったぞ!
○おれはこれ使う…
カートリッジは
回生出来る
らしい……
しかしメンドクサイ
ので……
気安めかな…
Dolce Gusto
★ルワンダコーヒー
美味しい〜。
イニシャルも
入れた!!
But!
○クレマ
美しや〜
ウマイ!!
しかし
コーヒー滓に
負けてしまう
○スタンピングも
練習した
のに…
メンドウクサイに
勝てない…
反省!!!
反省!!!
エスプレッソマシーン買って
タンパも注文したのに…
このEgouttoirのよーな
(我々はデュシャンに弱い)
日記の7日目は ドルチェグストのカプセルホルダー

7 ドルチェグスト・カプセルホルダー

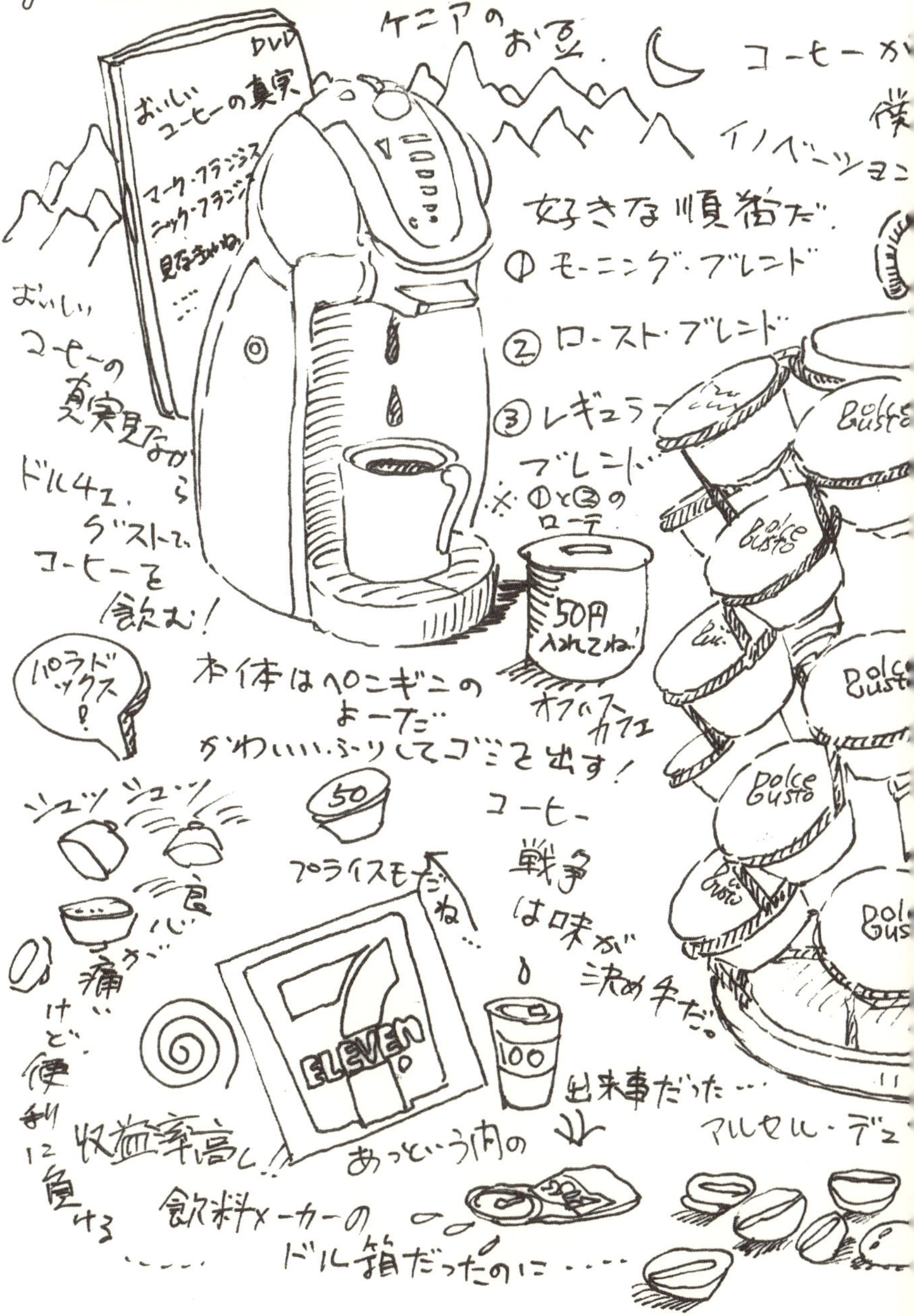

ケニアのお豆。
コーヒーが
イノベーション
好きな順番だ。
① モーニング・ブレンド
② ロースト・ブレンド
③ レギュラーブレンド…
※①と②のローテ
DVD
おいしいコーヒーの真実
マーク・フランシス
ニック・フランシス
見なきゃね。
おいしいコーヒーの真実見ながらドルチェグストでコーヒーを飲む!
50円入れてね。
オフィスカフェ
Dolce Gusto
パラドックス!
本体はペンギンのようだ
かわいいふりしてゴミを出す!
シュッ シュッ
良心が痛いけど便利に負ける……
50
プライスもだね…
ELEVEN
100
コーヒー戦争は味が決め手だ。
あっという間の出来事だった…
収益率高し…
飲料メーカーのドル箱だったのに……
アルセル・デュ

おさらい
アイデアが湧く七つ道具

- □ ソーホース・ブラケット
- □ ストッパー付きキャスター
- □ ポスト・イット 強粘着ポップアップノート ディスペンサー
- □ ホワイトボード・ウォール
- □ インパクトドライバー
- □ レーザー墨出し器
- □ ドルチェグスト・カプセルホルダー

第六章

脳内コックピット探訪記

独創性はどこから生まれてくるのか?

清く、貧しく、笑う研究室

遠藤秀紀《えんどうひでき》

（遺体科学者）

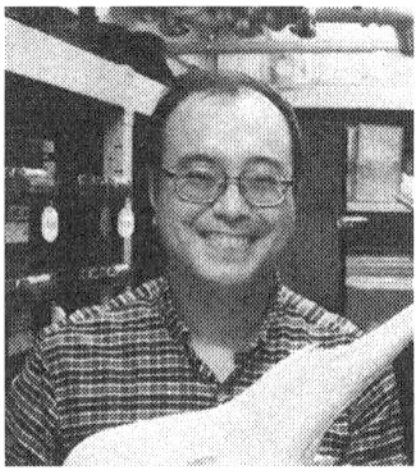

東京大学総合研究博物館教授。一九六五年、東京都生まれ。国立科学博物館、京都大学霊長類研究所を経て現職。「遺体の謎を逃さない」をモットーに、動物の標本と解剖による発見を未来に残す研究活動を続ける。ジャイアントパンダの七本目の指（偽指）を発見し、その働きを解明したことで大きな反響を呼んだ。著書に『東大夢教授』（リトルモア）『パンダの死体はよみがえる』（ちくま文庫）『人体 失敗の進化史』（光文社新書）『解剖男』（講談社現代新書）。

最初にご紹介したいのが、遺体科学者の遠藤秀紀先生だ。僕たちは、人類は過酷な生存競争を生き残った最強の生物だと考えがちだが、先生はその思い込みを覆し「進化は必ずしも勝利ではなく、失敗の産物でもある」と失敗の進化史を明らかにした。実際のところ、人体というのは、環境の激変にブリコラージュで適応してきた、無様なつぎはぎ状態なんだとか。二〇〇九年に京都国立近代美術館のトークにお招きしたのが出会いだが、動物の遺体をまさぐり、真実を追求するその姿勢に、たちまち僕は先生の魅力の虜となった。そんな逆転の発想を育む東大夢教授の研究室は、さぞかし立派な設備が整っているのかと思いきや――。

椿　先生、意外に恵まれないファシリティ（設備）で研究されてますね……。

遠藤　ああ、そうですよ。お金はなければ、笑ってればいいんだ。私の仕事は「規則だからやっちゃいけない」と言われる方がつらいですよ。東京大学って、分野によっては確かに研究資金が潤沢ですけど、全般に大学の先生はどこに行ったって、清く貧しくやってるもんなんですわ。特に私の場合は、本当に隅っこにいて、それでも学生が一ダースほどいて楽しくやっている。ってのが、やめられないところなんですけど。

椿　今回は独創的なお仕事をされている方が、どういう環境にいるのか、またどう育ってきたのか伺いたいと思っています。社会のなかに多様性や寛容さが失われてきていますが、それでも生き生きやってる大人たちもいるぞという証拠を集めたいんですよね。

遠藤　最近、洒落じゃなくなってきてるなって思うんですが、私、苦手なものが三つあってね。まず、お酒落な街と正しい子供。

椿　正しい子供（笑）。

遠藤　もうひとつは、申し訳ないんだけど広告代理店。この三つは苦手なんですよ。正しい子供は洒落じゃなくなってきたなと思って。昔は、もうちょっと世の中いい加減に過ごせてたよね。曲がり角を感じたのは、総理大臣でいうと小泉さんあたり。みんなものすごくお金を拝むようになった。その頃から、潔癖になったのか、インフルエンザが流行り始まると、みんなマスクして、アルコールで手を消毒するようになって。潔癖って清潔の域を越えて病気だよ。論文に埋もれた状態で暮らす私が言うのは説得力がないけど（笑）。

椿　このまま正しい子供が増えると、きっとこの国は滅びますね。六本木ミッドタウンもあれだけ森があるのに、落ち葉があったらクレームが来る。だったら、プラスチックの木を植えときゃいい。生命の根源的なところに抵触しているんじゃないかと思います。

遠藤　私は文学が好きで（研究室には、雑誌『文學界』が山積み）、SF文学も読んできましたが、SFは教訓的に読んでいくと近未来の「つくっちゃいけない社会」が書かれているんですよ。それが街にゴミを〝捨てない〟社会。社会党が反戦を言うより、ドシンと来たね。もっと街は汚くなきゃいけない。不潔であれとは言わないけど、整ってちゃいけないはずなんだ。そういう社会がいかに不幸かというのをね、SFでよく学びました。それを笑ってたら、洒落じゃなくなってきたんだよね。みんなデジタル端末持たされているじゃないですか。SFの話でいくと、為政者や権力者が自分の居場所を知っていて、突然上から雷が落ちてきて、消滅しちゃう。その一歩手前まで来てますよね。デジタルって、カリッカリッと人間の存在を切りとっていきます。カーナビができてから、道に迷うことを許されなくなりました。もちろん、仕事で営業をやってる人が遅れるのは、失礼かもしれないし、商人として間違っているかもしれない。けれどもそれ以前に、比喩的にも物理的にも地理的にも、迷ってて人生なんですよ。それがね「ナビを持っててなんで道に迷うんだ?」って、余計なお世話ですよ。

椿　映画監督のヴィム・ヴェンダースが「究極の自由とは言葉の通じない土地で道に迷うことだ」と言ってました。コミュニケーションが不能になり、道に迷ってなんら縁《よすが》もない。その手探りすらも通用しない状態になったときに、初めて自由が訪れると。

遠藤　その関連でいうと、大学の転換点に、国立大学の法人化があって、大学が〃会社〃になっちゃったんですよね。棚の上に論文を積んでいると、叱られるの。「地震で崩れてきたら死ぬ」と。労働安全上の基準で、権限をもってやめさせようとするんだよ。学者がねぇ、論文に埋もれて死ねるなんて、これ以上の幸せないでしょ?

ダメな大人は最高の教師

椿　遠藤先生はどんな幼少期を送られたんです?

遠藤　博物館に来る親御さんにも「どうしたら子供が学者になれますか?」とよく聞かれます。好奇心の塊で、もともと動くものの形と中身への好奇心が強烈に強い子供でした。鉄道マニアで、軍用機マニア。機能的な形が好きで、その形をまるごと受け入れる。ただ、普通のマニアとちょっと違うのは、中身を見てみたい。その興味が、解剖の仕事に繋がっていきました。たとえば、キリンの手首に人工物みたいな丸い関節があってね、解剖しながらその曲面を手で触わる。それが、たまんなくてしょうがないんです。その快感と科学的好奇心が、完全に融合してる。そうやって触れていると、ふと、私の場合は畏怖を感じるような瞬間があって。触わっているうちに「え?」と。今までの人類が知っている動物の形と実は全然違うんじゃないかということがあるんです。形というものが自分の精神を揺さぶってきて、そのうえ進化論を学んじゃうと、動物から離れられない。そういう好奇心は確かに強烈でしたね。もうひとつは、親父がバカもんでね、中学校一年か、二年の時に借金とオンナをつくって、家庭を壊したんですよ。ダメ親父がいると、男の子は街で暴れるとかいろいろ反応はあると思うけど、僕の場合はね、机に向かうしかすることがなかった。世の中わからないことがあると、知識や物事を考える能力がない自分の存在を許せなかったですね。鬱屈とか屈折が全部自分にかえってきて。学校の試験ができるできないとか、そういうレベルじゃない。まったく違う、学びの動機だね。

椿　激しい怒り。

遠藤　最後に後押ししてくれたのが、半分壊れちゃった家庭です。だから、「どうすると自分の子供が勉強しますか？」みたいな質問に答えるとすると……。

椿　親父が壊れろと（笑）。オンナと借金つくって家を出ていくとか……。

遠藤　そうそう（笑）。

椿　変な教師や大人に出会った経験はありましたか？

遠藤　学校の先生で思い出すのは、小学校五年の担任がアル中だ（笑）。十歳の子供から見てもダメなんですよ。遠足に行くと先生だけ帰ってこないとか。後から聞いた話だと、奥さんが若くして病気になってしまったみたいでね。クラスの連中が集まって、「遠藤、あの先生といたら俺たち死んじゃう。クラスをまとめてくれ」と。民主主義なんて社会の教科書で学ぶものじゃないですね。担任がアル中なら学ぶんですよ。教師って、いかなるダメ人間でも〝教師〟なんだと思いますよ。不適格教員なんていうものじゃないですね。

社会的責任を任せられない大人もたくさんいる。それを学ぶことができたのがね、幸せだと思います。どんな人間でも子供は学ぶんだということですね。

椿　高校に教育実習に行った時、朝礼中にウイスキーの水割りを飲んでる美術教師がいました。「お前も飲め、芸術家が頑張ったらあかんねんぞ」と言われましたね（笑）。そんな大人でもやっていけることが、自信になりました。人間という種にしてもそうですが、持続可能性を考えたときに、多様性をどう生み出していくかをもっと考えた方がいい。ちょっとぐらい変なやつがいてもいいじゃない。

多様性を奪う現代社会のルール

遠藤　人間って種としては新しくて二十万年程度の短い歴史しかありませんが(恐竜は一億六千万年くらい)、不思議な生物です。愛も語れば、哲学や宇宙も語る。それでいてボタンひとつで全人類を滅亡できるくらいの兵器も生み出すんですから。いま私が叩いているのは、コンプライアンス（法令遵守）、ゼロリスク、アカウンタビリティ（説明責任）。この三つは、新入社員が会社で何より大事だと教わることだと思いますが、人間社会が自ら首を絞めることになると思います。

椿　うちの大学は、全部カタカナです。ディプロマポリシー、カリキュラムポリシー……。

遠藤　だいたいヒットラーが大切にしてたものですよ。

椿　ファシズム社会をつくろうとしてるんです。PDCA（プラン、ドゥ、チェック、アクション）サイクルとか。ぐるぐる回して、どこへ行くんだろうって。ブレイクスルーが起こるのは、ルーティンが壊れる瞬間だから、クリエイティビティとは真逆だと思います。

遠藤　だいたい私は、新しいルールはくだらないから嫌いだ。どれくらい古いルールだったら従うのかと聞かれたら、「ハンムラビ法典ぐらいだったら」と答えるんですけど。他人のものを盗んじゃいけないとか、ひと通りのことは、書いてあるんですよ。それを越えてルールは全部守れと言われたら、学問も文化もへったくれもないですよ。

椿　消滅しますよ。

遠藤　うん、僕たちは遺体の猛烈な腐敗臭を浴びて、臭いに涙を流しながら遺体に手を突っ込むんですけど、「そういう無理なことはやっちゃいけないと習った」と言う学生もいます。無理してやれとは言いませんが、でも「遺体科学に命を賭けるなら、これも仕事だと思ってやっているよ」と、伝えてますね。アル中の先生が背中で教えたことと同じかもしれないですけど。

学問は、意見の〝違い〟のなかに

椿　空間に関してもお聞きしたいのですが、ご実家は本がいっぱいあったりしましたか？

遠藤　それはないですね。ふつうの民家です。叔父がガラス職人で、人形町の近くにある工場を切り盛りするのがお袋の仕事。途中から喫茶店に商売替えして、一杯二八〇円のコーヒーを淹《い》れて、お袋は現役を全うしました。ただ、印象深い原体験はあります。小学校三年生くらいの時に、大事にしてた金魚に死なれたことがあったんです。確かお袋に「なんで死んだの？」って聞いたと思うんだ。そうしたら、お袋は文房具ばさみを渡して「これで切ってみろ。切ったら何かわかるから」と。今だと、もしかしたら残酷な子供の入り口かもしれないですけどね。三枚おろしじゃないですけど、じょきじょき切ったと思うんですよ。子供の時だから、なかからいろんなものが出てきたくらいしか覚えていないんですけど、解剖への原体験として、お袋の文房具ばさみってのはあったかもしれないですね。

椿　原体験ってみなさんいろいろお持ちで、それが転換点になってますよね。

遠藤　あとは、学校の宗教の授業。キリスト教の小学校を出ててね、週一回宗教の時間があったんです。元気な若い神父さんがいて、旧約聖書の天地創造と、ダーウィンの進化論とどっちが正しいかを教室で議論させたんです。私は当時から信仰って一切ないですから、進化論側で、旧約聖書側が半べそかくくらいに徹底的に論破したんですよね（笑）。「一週間で神様が泥人形から人間を創ったなんて、何を寝ぼけたことを言ってるんだ。世界中の科学者が研究しているのに、いい加減なことを信じるな」と。すると、神父が自分の命より大事であろう旧約聖書を指さして「こんな本に書いてあることより、遠藤君の方が正しい」と言ったんです。「いろんな本を読んだりして勉強している。遠藤君はその勢いで科学の世界で活躍してほしい」って。それから先生は、ひとつだけ付け加えて言いました。「ただ僕もそうだけど、この本に救いを求めないと生きていけない人間が世の中には山ほどいるということも知っていてほしい」と。

椿　立派なことを言う先生ですね。

遠藤　学問って所詮は、意見の食い違いのなかにあるものです。でも、意見や思想信条の違う人間でも必ず折り合いがつくもんだと教えてくれたんですよね。それは私が学問をやっていくうえで、そして生きていくうえで大きかったです。

椿　今の時代に胸に入れたいひと言です。大きな寛容ですよね。哲学の重要な部分が全部詰まっている。いま一番脳がうずくのは何ですか？

遠藤　世界的に見てもおもしろい仕事になりそうだなと思ってるんですが、オオアリクイより顔の短いコアリクイっていうのがいるんです。その頭の形を研究しています。あと二体か三体、遺体がないと、十分な仕事にならないんですけどね。遺体の仕事ってこちらに主導権がないんです。「遠藤さん使ってよ」と言ってくれた時に成就していくので、企業みたいにプラン通りに進むものじゃないんです。

椿　確かに、そうですね。

遠藤　政府の「科学技術創造立国」では、そういうのはやっちゃいけない仕事でね。巨額の投資をして、先が見えているものをやれと。大学もそれに巻き込まれるわけですよ。うちの貧乏研究室でいつ死ぬかわからない動物を待ってるってのは、科学のやり方としてはいけないとされるんです。でも、笑いながら待ってりゃ、何かいいことあるんですよ。

椿　同じような状況で闘う人への福音だな。笑いながら待っていれば、ブレイクスルーはきっと来る。

遠藤　何人か私みたいな研究者のクビを切って他の人間を雇って、中国に負けない特許競争だと標榜するんです。だけど、そんな何十億円もかけた高速道路みたいなつくり方の科学技術は、競争相手に負けた途端に価値がなくなってしまいます。保っていかなきゃいけないのは、右に転ぶか左に転ぶかの博打に左右されないしっかりとした文化づくりだと思うんですよね。年間三十万円とか五十万円分、本を買えるってだけで、喜んで仕事をする研究者はたくさんいますよ。一見汚くて、貧しいつくり方かもしれないけど、僕はあながち間違ってない文化のつくり方だと思ってますけどね。

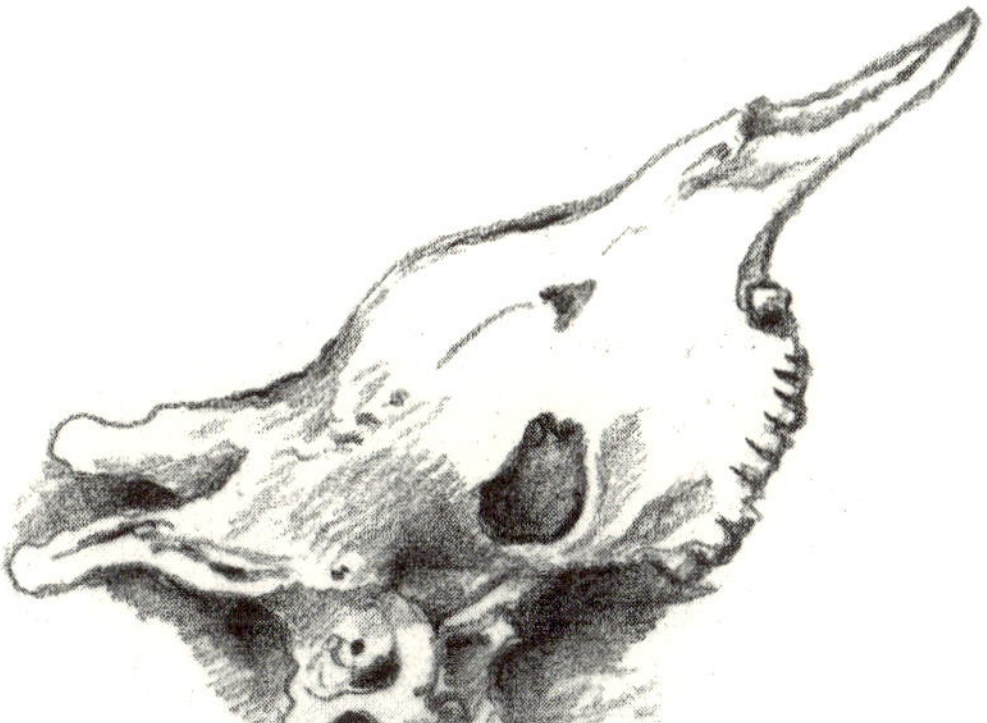

endo-san

アフリカの路上と、その日暮らしの狡知

小川《おがわ》さやか

（文化人類学者）

一九七八年、愛知県出身。立命館大学先端総合学術研究科准教授。東アフリカ・タンザニアにて、路上で中古品や非正規品を扱う零細商人「マチンガ」の商慣行と消費者による購買行動を調査する。第三十三回サントリー学芸賞受賞。著書に『都市を生きぬくための狡知　タンザニアの零細商人マチンガの民族誌』（世界思想社）。『小説宝石』（光文社）で「Living for Today の人類学」を連載。

小川さやかさんは、掟《おきて》破りの研究者だ。アフリカ・タンザニアの路上で自ら古着の仲卸や小売商を営みながら、「マチンガ」と呼ばれる都市零細商人のインフォーマルな経済活動と都市民ならではの「ウジャンジャ（狡知）」を研究。観察者に徹するという人類学調査の鉄則を破り、研究対象の懐内に飛び込んでそこから見える世界を鮮烈に描いた。商売上手で小売商を五百人も抱えていたというから驚きだ。たとえ日本が崩壊してもマチンガから学べば、生きていける。僕はこのインタビューを通じて、そう確信するに至ったのであった。

椿　先生の本に登場するマチンガのひと言ひと言が、いまの日本人が言えなくなったことばかり。彼らはフーコーもドゥルーズも読んでないのに深いですね。

小川　マチンガにとって日常生活の問題は、人間関係を含めていかにサバイブするかです。多くは小学校卒業か中退なので数学はできなくても、社会との関係に全時間を費やして考えているんですね。それからスワヒリ語には詩の伝統があって、韻を踏んだり格言を述べるのがみんな大好き。女性はカンガという布を体に巻くんですが、そこにもウィットの効いたことわざが書いてあるんです。たとえば、ケチな旦那に「どんな人でも腹の虫には勝てない（食い扶持をどうするんだ）」とか。直接抗議するより心に突き刺さります。

椿　おそらくそれが文化や教養なんですね。小川さんはどうしてまた、アフリカの路上で古着の仲卸商人に？　研究を始めた経緯を教えてください。

小川　母が心臓が悪くて、もともと助ける、助けられるという関係性に関心があったんです。でも心理学や社会学のように問題そのものを扱うのはどうも嫌で。普遍的な助ける－助けられる関係ではないことで、できることを探していました。人類学の発想は、オルタナティブな在り方を違う世界から探してこようというものなんです。たとえば、核家族の問題を探るときに世の中には一夫多妻性も通い婚もある。特定の家族形態でなくてもやっていけるよと示せる学問なんですよ。大学生の時にバックパッカーでいろんな国に行ったんですけど、なるべく違う文化をと考え、アフリカを選びました。あとは経済に関心があったんです。マチンガたちは、ギャンブル感覚で商売をしていますが、そこそこ社会保障の仕組みが成り立っています。助けたり、助けられたりしているつもりはないのに、その時必要としている人に必要なものが流れていくんです。でもこうしたウジャンジャ（都市の狡知）やアフリカの都市研究って、当時の私の大学院の環境ではあまりメジャーではなかったんです。アフリカといえば、農村社会の研究が当たり前になっていますから。それでも「おもしろい」と言ってくださる人もいたのでやってこれました。

椿　五百人くらい小売商を従えていたそうですね。その人たちはいまどうしてるのですか？

小川　私の元資金で露天を構えている人もいれば、やめた人もいますね。

〝海賊〟がつくるインフォーマルな経済

椿　最近は、グローバル化の影響で、中国製の粗悪品が入ってきているようですね。

小川　ちょうど研究しているところですが、マチンガのなかにはいま中国を目指す人がたくさんいます。実は世の中のほとんどの人が経験しているグローバリゼーションって、「下からのグローバル化」といわれる海賊行為や地下経済の世界なんです。アフリカ人はなけなしの数十万円を握りしめて中国に行くんですが、中国にはすでにアフリカ人街ができていて、詐欺も横行する危険な市場でものを買い、コンテナで輸送して帰ってくる。英語も中国語も喋れないのに「中国に行こう」と。当然、失敗して一文なしになる人も続出しますが、またお金をかき集めて「次は騙されないぞ」という人ばかりです（笑）。路地裏経済の専門家のロバート・ニューワース氏によると、こうした国家に管理されないインフォーマルセクターの市場規模は世界で十八兆ドルにもなるそうです。これが仮に国家の経済活動だとすると世界第二位の経済規模になります。

椿　世界にはインフォーマルな領域がたくさんありますよね。アートの世界でも、何億円と稼ぐアーティストの作品がある直島があり、かたわらの小豆島で僕らがエスノグラファーみたいにおばあちゃんたちから聴き取りしたり、地元のおっちゃんたちと飲んだりしてマチンガみたいなことをやっています。

小川　どちらが豊かなのか、わからないですよね。

椿　そうです。優劣ではなく相互性というか。小川さんの仕事もとても創造的でワクワクしますよね。

小川　ありがとうございます。最近、広義の海賊研究にハマっているのですが、マチンガが中国から仕入れるコピー商品の密輸って、〝海賊〟行為なんです。知的財産権の問題はありますが、ルイ・ヴィトンのモノグラム柄にシャネルのバックルを付けたバッグを見ていると、コピーというより、もはや別ものに見えておもしろいんです。それらが市場をどう競合しているのかを調べていますが、できれば、一緒にビジネスがしてみたいです。その方が断然理解が早いですから。

椿　著作権の保護期間もアメリカの都合ですからね。

小川　国際日本文化センターの稲賀繁美先生がおっしゃっていましたが、大きい海賊は海賊と呼ばれなくて、小さい海賊だけが海賊と呼ばれます。マチンガの世界でもインフォーマリティ（非公式性）とイリーガリティ（違法性）は違います。法的には違法でも、彼らには道徳的な公正、不公正の感覚があるんですよ。「この程度までは、大丈夫」とか（笑）。

椿　社会を安定させている暗黙知ってありますよね。見事なバランス感覚は混沌としたところにあって、法律や規則に頼るとバランスを失いますね。

妄想と煩悩と

椿　小川さんはどんな生い立ちでしたか？

小川　おしゃべりで天の邪鬼な子でした。「お星様役だから黄色い靴下を履いてください」と言われて、ピンクの靴下を履いたりする幼稚園児でした。ストレス発散が読書で、読みたい本を積んで、ご飯も食べずに二日間くらいなら余裕で読み続けられます。中学生のころは、美術準備室で授業をサボったり、背伸びして難しい本を読んだりしていましたね。唯一好きだった国語の先生に気に入られたくて、読書感想文を頑張り入賞したこともありました。特技は、すぐに〝なりきれる〟ことです。

椿　どういうことですか？

小川　フィールドワークでも活用しましたが、すぐに〝なりきれる〟んです。小さいころから、ただスーパーに行くだけだと退屈だから「缶詰工場で働く疲れ果てた主婦」というキャラを設定して、魚をじっと見て「やっぱりメザシにしようかな」とか。

椿　妄想系なんですね（笑）。

小川　ひとりで想像の世界に浸り、頭のなかの想像の物語に感動して笑ったり泣くこともできます。最近はインド人やアフリカ人にもなれるので無限です（笑）。

椿　まるで「マッチ売りの少女」。でもポジティブだから「ニュー・マッチ売りの少女バージョン2・0」かな。マッチじゃなくて、バーナーでボーン！　みたいな感じ（笑）。こうゆう妄想力も重要なスキルですよね。調査に行くときの必須アイテムはありますか？

小川　人類学者として客観的なデータを取るノートと、〝煩悩ノート〟があります。〝煩悩ノート〟にあらゆる悩みやおもしろかった話を書き綴っています。アイデアはそっちに転がっていますね。ただし客観的データときちんと区別するのがポイントです。

椿　みんなの脳のなかにそういうインフォーマルなものをインストールしたいな。

小川　ルイス・ハイドというアメリカのトリックスター*1〔物語に登場するいたずら好きな人物〕研究者が好きなんですが、彼は退屈になったら脳に「おしゃべりする猿」を飼えばいいと言っていますね。「そんなに考えても仕方ない」と。

椿　いいですね。僕もアートが制度化しそうなときにトリックスターみたいな仕事が必要だと思います。

小川　ルイス・ハイドいわく、「関節＝業師《アルトウス＝ワーカー》」というのがありまして。「関節＝業師」は完全に社会から排除されるのではなく、境界上に位置しながら関節を繋いだり外したりして、ゆるやかな接合部を作り、凝り固まった考え方を解きほぐすのが役目だと。

椿　僕の肩書きを〝芸術関節＝業師〟に変えようかな（笑）。小川さん、話は変わりますが、アフリカではマラリアとか大丈夫でしたか？

小川　たぶん七回はかかりました。マラリアはすぐに薬を飲めば治ることが多いんです。でもある時、長いこと放置していたらマラリア原虫が増殖して、薬では治らないと。四、五時間おきにお尻に注射を打つことになって。右、左、右、左とお尻に注射を打つのですが、パンパンに腫れるんですよ。七本目に「どっちに打つ？」と聞かれて思わず「真ん中で！」と（笑）。

椿　すごいですね（笑）。

その日暮らしの逞しさ

小川　パチもんを作る人、交易する人、買う人を研究していると、どこかが共鳴しているんです。そのひとつが、「Living for Today（その日のために生きる）」。直線的な未来を企図しない。それがすごい大事なんですよ。彼らはいろんな商品を少しずつ作ったり、仕入れるんです。そして売れるものの値段を微妙に上げていく。何でも「試しにやってみる」という作戦です。消費者の購買行動も、計画するのは難しい。彼らは手取りが不安定だから、消費を先延ばしして買い物をするお金を貯めるのが困難です。ただ、いつも必要性に迫られて買い物するわけではなく、偶発的な買い物も多い。たとえば、「今日はちょっと懐が暖かい。しかもカミさんがいない。チャンス！」というときに、手持ちのお金で買えるものを買うんです。小銭を持っていても、次の日には誰かが来て「息子が病気で」と無心されることもあるから。商品との一期一会も大事なんです。規格品だと「また今度買える」となる。でもパチもんはユニークかつ微妙に全部違うものですから、偶発的な購買欲を刺激するんです。またマチンガの世界は短期決戦なので、「あかん」と思ったらすばやく撤退するんです。

椿　日本の未来に一番大事なのがこれですね。

小川　日本では条件や根拠を考えすぎて、それに合わなければ「行動できない」となることもありますよね。

椿　僕も学生には「とにかく始めよう」って言います。

小川　中国に行くアフリカ人も先にビジネスを始めた人について行って、やり方を学ぶ。その後は独立独歩で一国一城の主として博打を打ちに行くのです。日本にもかつてはあったと思うのですが、この逞しさが見失われつつあるのかもしれないと思います。

椿　インフォーマルな領域が少ない？

小川　それもそうですし、仕事はひとつだけで安定した雇用を見つけられなかったら、もう終わりだという言説がまことしやかに語られたり。研究者という本来は個人事業主のような職業でさえ、サラリーマン幻想があります。

椿　芸大なんてインフォーマルセクターの最大の牙城なのに、いまや安心安全の砦と化しています。

小川　ありふれた時間論ですが、安心安全ばかりを求めたら、未来のためにしかいまがなくなってしまう。「将来のためにいまを我慢して業績を作らなきゃ」と。

椿　そんなことしたら未来が遠ざかっていく。

小川　本当は未来が不確実であるほど、希望で溢れているはずですからね。私、紛争が終結して間もないスーダンに行ったんですが、銃弾でぼろぼろになっているところに最初に入るのは、商人。隣国のアフリカ商人に加えて中国人やインド人です。ゼロから開拓して、新しくビジネスをつくっていく。

椿　街全体が闇市みたいですね。

小川　そうなんです。ウガンダ人の労働者や商人たちと一緒に壊れたバスのなかで寝たこともあるのですが、毎晩夜中に手榴弾を持ってまわる強盗がいるんです。でも彼らは、無視して寝たふりをするんです。

椿　ドキドキしたりしないんですか？

小川　そこで起きると逆に危ないんですよ。私は、結局、現地の人を信じるのが何より安全だと思うから、みんなが大丈夫だというときは心配しない（笑）。

椿　そういうメンタリティって育たないですよね。

小川　アフリカ人といると、だんだんそうなるんです。

椿 先生は、これからの若い人に何をススメますか？

小川 どんどん異文化体験をしたらよいと思います。どんなに敬意を払っても完全に理解できないこともある。それでもともに暮らし、行動する術は必ず見つけられます。その過程で「これが当たり前」の呪縛が解けて、逞しい発想ができるようになる。もちろんアフリカにも一旗揚げる夢が破れて農村に戻り、そこにもなじめず……という衝撃的に退廃的なところもあります。

椿 日本全体がいまそうなってるのかもな……。

小川 いろんなことで板挟みになっているのかも。

椿 昔はマージナルな場所がいっぱいあったよね。動物園にスケッチに行ったらアンパンと牛乳を持ったサラリーマンがいて、僕の絵を毎日見てるわけ。そのうち「今日、僕が行かないとあのおじさんは死んでしまうかも」と思えてきて（笑）。いまはどこも小ぎれいになって、人生の場所が社会から奪われてる。

小川 図書館にも朝から晩までクロスワードパズルをしたりぼんやりしている背広を着た方々がいますよね。もしや居場所がないのかと余計な心配をしつつ、私の年代が将来歳をとった時に図書館という知的空間に居場所を探すかなとも考えたりします。

椿 図書館みたいな場所がこれからのインフォーマルセクターになるかもね。

小川 サバイバルのための余地として、あるいは人生のアソビとして正規の仕事やきれいな空間の隙間にインフォーマルな領域・空間がもっと拡大すれば、生きやすくなる人々はたくさんいると思います。

椿 よし、いろんな人を混在させておける場をもっと増やそう。

＊1　トリックスター　神話や物語のなかで秩序と無秩序の境界を越え、物語をひっかきまわす役目を担う人物。善と悪、愚者と賢者など異なる二面性をもって描かれる。

LEVI STRAUSS & CO.
RIVETED
QUALITY CLOTHING
ogawa-San

一万五千の植物を見分ける脳

荻巣樹徳《おぎすみきのり》

（ナチュラリスト）

一九五一年、愛知県出身。少年時代から伝統園芸植物の栽培について多くの名人から薫陶を受ける。一九七二年からベルギー、オランダ、イギリスで学び、一九八〇年から中国西南部で植物の調査を開始。一九八二年から外国人として初めて四川大学に留学、名誉研究学者。ロンドン・リンネ学会フェロー。一九九五年、英国のヴィーチ賞、二〇〇四年、第三十八回吉川英治文化賞受賞。

荻巣樹徳さんは、百種以上の植物の新種を発見してきた世界的なナチュラリスト（自然植物の研究者）。未知の植物を追い求める、いわば植物界の探検家だ。一方、江戸時代に発達して日本の宝とも言うべき伝統園芸植物の収集整理と生体保存に力を注いでいる人物でもある。以前、その栽培技術をもって西洋かぶれではない日本の美の極致を僕に見せてくれた。荻巣さんが主導していた植物研究施設には雑草はおろか、塵ひとつもない。底知れぬ異様な気配に鳥肌が立った。荻巣さんを支えるのは博覧強記の脳内データベースだと僕は踏んでいる。ここではその秘密に迫ってみたい。

椿　先生の独特のコックピット空間は「本」ですね。

荻巣　ここにあるのは二千冊くらいですが、全部で一万冊以上あるのではないでしょうか。貴重書も収集していて、ものによっては高級車一台分くらいの値段がします。タバコも酒もやりませんからね、高級車までいかずともそれなりの値段のものは、一年にひとつと思って買い集めるのです。ものは大事にしていて、本の保存のために家ではほとんど料理をしません。湿度が高いと、皮の本はカビが生えるから。窓ガラスも紫外線を通さないフィルターを貼っています。

椿　徹底されていますね。荻巣先生は、植物の新種を百種以上も発見されていますが、中国の辺境を歩くと、向こうから新種の植物が語りかけてくるそうですね。

荻巣　そんなことはないですよ（笑）。

椿　先生の話を聞いて驚愕するのが、植物の形に対する膨大なメモリー。既知の情報は頭に入っているから、未知の形態に出くわした時に気づくのでしょうね。

荻巣　そうでしょうね。たとえば、中国には約三万種の種子植物がありますが、フィールドワーカーとしては、せめてその三分の一は知っておかないといけない。僕の場合、日本の伝統園芸植物などを除いても、一万五千種くらいは同定し、その植物が何か見極めることができると思います。

椿　どのようにして覚えるのですか？

荻巣　僕なりのやり方で。たとえば僕は高校を卒業してある大学へ進むことになっていたのですが、縁あってバラの研究機関に入りました。バラの遺伝について学びたかったのです。そこには徒弟制度が生きていて、日本のバラ界の父と呼ばれた第一人者の下で屋外の仕事を担当していたのですが、僕は施設の夕方の片付けと朝の掃除を自主的にやっていました。机に出ている資料を夕方持ち帰って、寮で全部目を通す。そして朝一番に出てきて返す。それを毎日繰り返していました。その後、ベルギーのカラムタウト樹木園、イギリスのキュー植物園やウィズレイ・ガーデンなどで学ぶ機会を得ましたが、それらの研究施設では厖大な植物標本を徹底的に頭に叩き込むということをしていました。つまり、僕の場合、映像として覚えるのです。まず学名を全部書けるようにして、一か月に三百～四百覚えます。宿舎に帰ってきても、順番に名前を暗唱できるようにする。その際、ただ単に暗記するのではなくて、植物の全体像とともに記憶します。さらに、同定できるようにひとつずつ植物をよく観察して、葉や花の形など二十以上のアイテムを覚える。覚えた量が多いほど、どの植物か瞬時に見分けられるようになります。

幻のバラを発見

椿　圧倒的なデータベースですね。幻のバラ、ロサ・チネンシスの野生種との出会いはどんな様子でしたか？

荻巣　僕はイギリスにいる時にオールドローズの世界

的権威グレアム・スチュアート・トーマスさんにかわいがっていただいたのですが、僕が東洋人なので、「中国に行くことがあったらぜひロサ・チネンシスの原種を探してくれ」と言われていました。現代のバラって一年中花が咲く四季咲きですよね？　中国のコウシンバラ（ロサ・チネンシス）の血が入らないと、四季咲きにはならないのです。このコウシンバラの原種は、一八八五年にオーガスティン・ヘンリー*1〔アイルランドの園芸家〕が標本を採取し、その後一九一〇年にE・H・ウィルソンが採集しただけで、それ以来、野生の原種は見つかっていなかった。それで一九八四年、僕が四川大学にいる時に、いろいろな政治家の方にお願いして、未解放区に調査のために入ることができました。帰り道、山道をジープで下って行く時に、赤い花がよぎったのです。バラには間違いないとすぐわかりましたが、中国のバラは原種だけでも百種類以上あります。赤い花であの大きさの花だとロサ・モイジーだろうか。しかし、半つる性にはならないからロサ・モイジーではない。もしかしたら、コウシンバラかもしれないと思いました。一〇〇メートル以上通り過ぎてから僕は「止まってくれ」と言って引き返してもらいました。そこにあったのは、まぎれもなくコウシンバラの野生種。もう、自分の力ではないという感じで。「会わせていただいた。神様ありがとう」と思いましたね。僕はその頃、体の調子を崩していたので、その場に倒れこんでしまいました。

椿　ズバ抜けた知識があってこそのドラマですね。そもそも植物とは、どのようにして出会われたのですか？

荻巣　僕は尾張出身ですが、尾張は江戸時代から植木の生産地として有名で、家の近くに明治生まれの名人がいらっしゃいました。それで二、三歳のころから植物をいじって遊んでいたようです。その庭の棚には東洋蘭やオモトの栽培品種、盆栽などが並んでいて、ランチュウ（金魚の一種）も飼っておられた。そこでブリーディングを教わったりしました。教わるといっても、どういうことに気をつけているかを後ろ姿を見て学んだのです。コケ玉づくりも小学校に入る前からやっていました。アワビの殻に土を入れ、モミジやマツの実生苗《みしょうなえ》を植えて、コケで押さえるのです。

他人がやることはやらない

椿　園芸の醍醐味は何ですか？

荻巣　端的にいえば、他の人が栽培できない植物を栽培できること。そういう植物を所有することに醍醐味を感じるわけです。この部屋も本当は植物で埋めたいけれど、あきらめています。調査で海外に行くから管理できないのです。このヘリアンフォラ（水槽のなかで栽培されている）を見てください。葉緑素が少ないから栽培が難しいのですが、美しいですよね。観賞価値が高い逸品です。椿先生が以前ご覧になったカラタチバナの栽培品種などは愛好熱が嵩じて投機的様相を帯びるまでになり、江戸時代に禁制令が出たこともあります。非常にマニアックな世界です。僕は高校時代も授業をサボったりして、植物の栽培名人からその技法を教えてもらっていたのですが、ある時、担任に「荻巣、何をやってるかはわかっているが、授業をサボるのはよくない。ろくな人間にならんぞ」と言われたことがありましたね。その先生は、僕が松下幸之助花の万博記念奨励賞をもらった時に「お前は学校の誉れだ。教師冥利に尽きる」と言っていましたけれど（笑）。

椿　僕も三歳くらいから植物が好きで、小さいころ新聞にはさんで標本を作ったりしていましたが、どこで人生がこうも違ったのか。

荻巣　恵まれてなかったことが僕の人生を決めたといえるかもしれませんね。母はずっと病弱でした。父は三菱重工に勤めていましたが、宗教家でもありましたから、戦後、いろいろな意味で戦争責任を感じたのか、助けを求めている人がたくさんいた焼け野原の名古屋で大工になりました。大工の「だ」の字も知らないのに。欲張らず、着飾らず、雨風をしのげたらいい。そういう父親でした。あとは僕の性格もあって、みんながやることをわざとやらなかった。みんなが電車で通うなら、自分は自転車で行くとかね。

椿　天の邪鬼ですね。

荻巣　小さいころから自立していたと思います。勉強はやらずに、好きな植物や、淡水魚を一生懸命世話していました。家の廊下の隅に一メートルくらいの幅の机が置いてあって、道に落ちている岩石や鉱物を拾ってきては、図鑑で調べていました。手先は器用だったので、自分で作った標本箱に集めて並べていましたね。切手や古銭の収集保存と整理整頓が好きだった。でも学校の先生には馬鹿にされていました。

椿　どんなことで？

荻巣　学校の勉強を積極的にしなかったから。三年生まで図工以外は評価が低くて、母は知恵遅れじゃないかと心配したようです。学年が上がるにつれて評価が上がっていきましたけれど。僕は四人兄弟でみんな成績が良かったから、馬鹿にされていました。ですが、僕が好きな分野では「小さいのにこんなことができてすごい」と褒めてくれる大人が周囲にいました。子供の教育で一番大事なのは親が褒めることですよ。

椿　教師も褒めることをあまりしないですよね。

荻巣　「これはダメだけど、これはいい」という言い方をしますよね。褒めるところがあるならそれだけを強調してやればいいんです。「これはずば抜けていいから、なんとか伸ばしてやろう。私も協力するから、もう少し前進させませんか」と。親でも発見できないようなその子の良い部分を学校の先生が見つけて伸ばしてやる。そうしたら世の中もう少し良い方向に行くと思いますね。不良の大半は褒められたことがないのですよ。僕も不良だったからよくわかる。

人生の師は選べる

椿　どうして孤独でもへこたれなかったと思います？

荻巣　小、中学生のころの人との出会いですね。大円寺（三重県桑名市）の住職平田賢道さんとの出会いは大きかった。この和尚さんが「あなたが一流の器であっても三流の先生につくと三流になる。逆に三流の器であっても、一流の先生につくと一流になる」といつも言っておられた。白檀《びゃくだん》という香木がありますよね。削り屑だけでも高価ですが、紙に包んで僕に持たせてくれました。高貴な香りに触れるよう心がけなさい、ということでしょうね。学校の勉強はしなかったけど、一方ではそういうことを学んでいました。

椿　師を選べ、と。

荻巣　常にそれを頭に叩き込んでいましたね。ある植物について知りたければ、まずその日本一の研究者は誰か調べて手紙を書くわけです。中学生の時、シダ植物の第一人者、倉田悟先生に手紙を書いたら、「三重県北勢地域のシダは調査されていないので、その辺りを研究してください」と返事をくださった。中学生の僕にみなさんお返事をくれました。こうしていろいろな先生のところを訪ねることになるわけだけど、電車賃がかかりますよね。それも親から一切出してもらわず、自分でまかないました。

椿　いまも研究費は自前だそうですね。

荻巣　僕は常々パンツとサイフは自前がいいと言っています（笑）。中国だけでも一九八〇年から通い始めて、数千万円は使っています。留学も私費です。これは自分への投資ですから。いつも僕を応援して、仕事をくださる方に恵まれているので、これまでやってこられました。とにかく他人がやってこなかったことをやることで、自分を差別化してきたということでしょうか。僕の通知表にはずっと「社会性・協調性なし」って書かれていましたよ。

椿　僕もそうでした（笑）。本当にイノベーティブな人は、一般的な教育にあまり興味を持たないようですね。

荻巣　僕の人格は親への反発で形成された面がありま す。自分のやりたいことを全部やらせてくれていたら、逆に中途半端な人間になっていたでしょう。反対されると、当然しんどいです。でも植物のフィールドワークは常に孤独だし、学ばなくてはいけないことがたくさんある。どんな仕事でもそうでしょうが、みんなもっともっと苦労しなくてはいけません。親が子供にできることは苦労させること。貧しさだって、教えられるものなら教えた方がいい。

椿　与えすぎない方がいいと。

荻巣　良くないですね。その子の自立や成長を妨げます。子供を良い学校に行かせたいというのは、賢い親ではないですよ。賢さは知識ではない。塾で微分積分を学ぶより、動植物を育てて、命の大切さを学んだ方がいいと僕は思う。ある意味、能力のある人だったら大学に行かなくてもいいんですよ。少子化でどこの大学も競争率が落ちていますから国を挙げて受験生をバックアップしているけれど、あまりお膳立てするのは良くないと思いますね。

椿　中国の学生なんかは危機感がありますね。先生としてはこの国の未来をどう思われます？

荻巣　若い人に絶望の二文字はないですね。「君は変わり者だから、君の言うことは百万人に一人も理解しないよ」とよく言われたものですが、講演をすれば一人でも二人でも興味を持ってくれる人がいますから。

椿　いま荻巣先生の脳みそが一番うずいているのは？

荻巣　幻の植物でいうと、青いユリを探していて、ミャンマーの北東部に行きたいです。場所はほぼ特定しました。中国側からアプローチしているのですが、道があっても国境付近には行けない状態です。もうひとつは、ネギの一種。葉が二枚で、赤い花が垂れ下がるようにして咲きます。自生している場所はわかっているのですが、そこは少数民族カチン族のテリトリーで、政府もコントロールできてないから調査に行けないのです。トラも棲息しているし、覚悟がいりますね。

椿　フィールドワークの必須の道具はありますか？

荻巣　僕は何も持って行きません。日本でもいまだに縄文人みたいな暮らしをしていますよ。パソコンもやらないし、免許も持っていない。ただ、フィールドワークに行く前は、目につくところに地図を貼ったりしてイメージトレーニングをします。寝場所の横に資料をざっと並べて、いつ目が覚めてもぱっと見られるようにしておきます。僕は一日四時間くらいしか寝ませんが、そのくらい気持ちを盛り上げます。現地ではあまり喋らなくなるし、人格が変わりますよ。

椿　探検家の秘密に触れた気がします。ありがとうございました。

＊1　オーガスティン・ヘンリー　一八八五年、湖北省宜昌《イーチャン》の谷間でロサ・チネンシスの野生種と思われる単弁のバラを発見し、一九〇二年『ガーデナーズ・クロニクル』に報告した。

荻巣樹徳

「充実した孤独」を生むアトリエ

舟越桂《ふなこしかつら》

（彫刻家）

一九五一年、岩手県盛岡市出身。戦後の日本を代表する彫刻家、舟越保武の次男として生まれる。東京造形大学客員教授。八〇年代から楠を素材とした木彫半身像で独自の世界観を開き、国際的にも多彩な活動を展開している。一九八八年ヴェネチア・ビエンナーレ、一九八九年「アゲインスト・ネイチャー八〇年代の日本美術」展など多くの国際展に参加。二〇〇九年、芸術選奨文部科学大臣賞、二〇一一年、紫綬褒章受賞。

「独創的な仕事をする人は、幼少期から独特な空間のなかで育まれる」というテーゼは、旧知のアーティスト仲間である舟越桂さんに端を発している。スペースシャトルの操縦席さながらに小さな部屋で、座ったまま棒一本でテレビを操作。すっと手を伸ばせば、必要な道具はすべて届くという使い勝手の良いアトリエで仕事に没頭するという話を耳にしたのだ。インタビューは、父親も戦後日本を代表する彫刻家という芸術一家に生まれ育った生い立ちから始まった。

椿　舟越さんは、どんな子供でしたか？

舟越　わりといい子ちゃんだったかもしれないな。そうじゃない部分を抱えていたけど、隠してました。絵は好きだったし、「いい絵を描く」という評価はあったと思う。

椿　お父さん（彫刻家・舟越保武氏）のアトリエのなかで育たれているから、一般の人とは違いますよね。

舟越　そうだね。父親が毎日家にいて、苦しそうだけど何かをつくり出していくところを見て育ちました。六人兄弟で「ものをつくっていく人生が立派だ」と思わされましたね。

椿　物心ついて一番最初に見たものは何ですか？　発想の起点になっているようなものは？

舟越　鮮明に残っているのは、小さいころに部屋に閉じ込められた時の恐怖感。親のケンカだったのかもしれないですけど。ケンカになりそうな空気って、この世の終わりみたいな恐怖感があったね。

椿　舟越さんの作品は伝統的な彫刻なんだけど、人間の持っている深い闇や身体性が表れていますよね。これは早い段階からあったのですか？

舟越　いや、僕はアーティストとしては奥手だったと思う。現代美術的なものは、「本気なのかな？」と疑いを持っていました。イヴ・クライン[*1]〔仏国の画家〕みたいな人を認めてしまうと、父を否定しないといけないという感覚がずっとあって。「アゲインスト・ネイチャー」展で森村泰昌君[*2]〔現代美術家〕の話を聞いて「俺なんかよりずっと本気でアートをやってるんだ」って感じた。

椿　舟越さんのアトリエですが、以前は宇宙船ソユーズのコックピットみたいになっていて、テレビをつけたりするのも、棒を使っていたとおっしゃってましたね（笑）。

舟越　十五年くらい前ね。あそこは五畳くらいで、だいたいのものが立たずに手でつかめるところにあるという（笑）。父の家にある物置の外側と母屋への間の空間も粗彫りに使ってました。

椿　ここに移られて何年くらい？

舟越　十年ちょっとかな。初めはものがなくて、床と壁の境が見えていたんだけど、だんだんものが増えていって。ものを片付けて見えなくする人っているじゃない？　俺はその必要を感じないのね。「断捨離」って言葉。あれはどうなのかと思うよね。

椿　僕も「断捨離」と真逆の人生ですよ。毎日のようにアマゾンから本が届く。僕は本に囲まれてないとダメなんです。本の背表紙が語ってくる。それがインスピレーションで、彫刻を飾っているようなものです。

ものの顔が「見えている」空間

椿　舟越さんのアトリエは特別だと思うんだけど、小っちゃなメモ類（「作りかけの自由で荒っぽいものをいっぱい作って放っておく」、「新しいものは自分のなかに見つけよう」などと書かれたメモが壁中に貼ってある）とか、こういうものが全て多分複雑に世界をつくっていると思うんですよね。

舟越　いつでも「ものが見える」ようにしています。僕はコンセプトで仕事を始めないから、作品のきっかけになるかもしれないものがいつも「見えていること」で安心するんだよね。

椿　きっと僕がやりたいのは「見えていること」をどうするかということ。いま教育現場では中学校の美術の時間が週に一時間しかない。道具も全部片付けてあるから、絵の具を出したら終わりですよ。いろんなものが顔を見せた状態で寄り添ってくれていることって、想像力にすごく影響があると思っています。

舟越　僕もそう思うな。作家やデザイナーによってはきれいに片付けている人もいるだろうけど。何かをつくることのヒントはどこにあるか全くわからない。論理的な思考から来るとは限らない。だからいろんなものの顔を出しておきたいと思うんです。過去の作品もそうだし、人が言った言葉も、自分が見つけた言葉も。それからどこかで拾ったきれいなものとかね。

椿　僕は工房のような空間を企業にも入れないと、創造性が高くならないと、電通にも言ってるんです。

舟越　おもしろいね。

椿　「アゲインスト・ネイチャー」展で西海岸に行った時、エクスプロラトリアムに連れて行かれたんですよ（一八二頁参照）。科学者やアーティストが科学の実験器具も倉庫で手作りするんです。

舟越　テレビで見たことあるな。おもちゃがあったりするよね。

椿　そう。透明の引き出しのなかにぎっしりがらくたがあって、そこからヒントを探すんです。

舟越　ガレージとか町工場みたいな空間は、小さい時から魅力を感じてた。テレビでアメリカの西部劇を見ていると、納屋に工具がいっぱい下がっていたり。何かが生まれる空間の魅力を感じてたんじゃないかな。

椿　一番のあこがれでしたね。壁にぎっちり工具がワイヤーで留められてて。

舟越　壁の一角がちょっとだけそうなっているんだけど。

椿　ああ、こういうの、最高に魅力的です。

舟越　鑿《のみ》も、いつでもさっと使うために出しっ放しにして床に並べておくんですよ。本当はほこりがついたり、錆びるからよくないけど。毎日誰かがほこりを取ってくれるとか理想的かもしれないけどさ。（助手の方を見て）嘘だよ、嘘（笑）！

椿　道具も出てないとダメですよね。

舟越　いまどきそういうふうに言ってくれる人少ないよね。自分の過去の作品を出しておくのも「新しいことを目指さないからだ」っていう言い方をされることがあって、うまく反論ができなくてね。

椿　僕は自分がコレクターのつもりで作品を作っているんですよ。自分が欲しいものを作っている。要するにアーティストっていうよりコレクター感覚だから、みんな並べておきたい。

舟越　それはわかる。

椿　僕の作品は相当な大きさになるから、飾るとしたら、アリーナぐらいの巨大な場所がいるんですよ。そこで椅子に座って、全部見たいという変な欲望がある。

舟越　いままでの気に入ってる作品を全部買い戻したいと思うもんね。

椿　それわかりますよ。作品が離れていく時は複雑な心境ですか？

舟越　若い時は結構きつかったね。彫っていくと木屑がたまるじゃない？　完成して運び出した後、木屑がわーっとあるなかに、ぽかっと床だけ見えるところがあって「ああ行っちゃった」と。展覧会でも「あれは売らないでほしい」と口にしたら「子供みたいなこと言って」と言われたな。

椿　その子供の部分が重要だと思うんですよね。それを世の中が無理に抑えたり、整理整頓することを強いる。そのままでいるからこそ、想像力を発揮するのに。

〝わからない〟世界を生きる

舟越　去年、あるクラスの学生が「造形大の彫刻を出たからといって、作家になれるなんて夢物語よ」と、他の学生に意見を押しつけていたことがあったな。

椿　夢を潰していくプチ大人はいますね。「そうじゃない」と思える力って、どこから来るとお考えですか。それでもアーティストになる人はなっていく。

舟越　「こうやったから作家になれた」というはっきりした道筋はないけれど、僕の場合は、迷いながらひとつずつ一生懸命作品を作って、それがずっと続いてひとつの道になっていった父のことを見ていたのが大きかったかな。アーティストって、神様の博打みたいなところで生まれてきている。だからこそ不思議で大きいものだと思うの。それが、アートが続いていることの理由のひとつでもあると思うんだよね。

椿　世界って僕らではわからない動き方をしていて、すごい複雑ですよね。でも、アートは石器時代の四万年くらい前に人間が洞窟に絵を描いてた時代からずっと続いている。だから僕は学生に「胸を張れ。アートは最古の業界なんだ」と言う。「親が就職しろだの言ったら、『まあ、二十年ぐらい待ってくれ』と言え」と（笑）。

舟越　まあ普通はできないよね（笑）。

椿　あまり短絡的にアートをとらえず、「わからない世界なんだよ」と。

舟越　そういえば、俺が結婚したいって言ったら母に「お金もまだぜんぜん稼げないのに……。でも私たちもそうだった」って言われて（笑）。

椿　そこですね。担保してやることが、意外にすごい確率で世界を変えると思うんですよ。僕は「場」って、許容する寛容さとか、再チャレンジが何回もできるとか、「環境」だと思うんですよ。あと、多様なタイプの人間が顔を見せている社会をどうやってつくれるか。

舟越　均一でないと安心できない日本人の感性って何なんだろうね？

椿　まじめにしなきゃいけないと思っている。妙にきれいに整頓して、引き出しに入れたがる。引き出しに入れるってことは、刃が欠けててもごまかせるじゃないですか。出しておくってのは、やっぱり刃もぴーんとしてるってことですよね。

舟越　いやいや、そうとも言えないけど（笑）。ぴしっとなってないものも出しているところに意義があるかもしれない。

椿　引き出しにしまって「おしまい」ではない。

舟越　片付けって子供のころから意味を感じなかったんだよね。なんで片付いてる必要があるの？

椿　言ってやってください。僕はそれを声を大にして言いたい。

舟越　思い出も見えないし、失敗も隠しちゃう。そういうものを全部隠していると未来だけ見えるの？

椿　嫁さんに「何でも出したらその場でしまえ」って言われるけど、この本を見せて「創像力が落ちる」って言ってやろう（笑）。クリエイティブってある種の寛容から生まれるから。

舟越　そうでしょうね。

椿　イノベーションだってきっと、屋根裏部屋みたいな場所を保っておくことが必要なんでしょうね。

舟越　屋根裏で思い出したけど、小学校三年生ぐらいの時に、体育倉庫に天井裏があるのを見つけて、入り込んだんだよね。天井と屋根の間に空気を入れ替えるための窓みたいな穴があって、その傍に座って外を見ていたら、すごく個に埋没できたっていうか。真夏で、じっとしていてもだーっと汗が出るくらいなんだけど。まったく人に気づかれずに個人でいられる不思議な時間を経験したのは、いまでもすごく鮮明に覚えているね。あるいはもしかしたら隠れて子供なりにエッチな想像でもしていたのかもしれないな。

椿　まさに妄想空間ですね。たったひとりの時間って大事じゃないですか。「みんなでわいわい仲良くしないといけない」なんて親や教師は言わなくていいと思うんですよ。

舟越　某美術誌の編集長が「充実した孤独」という言葉を使ったことがあって。孤独には「充実した」という言葉が付くかもしれないのに、「孤独＝マイナス」って思いすぎてるところがあるよね。少なくともアーティストは充実した孤独という時間を過ごさなければ、何も出るはずないんじゃないの？

椿　本当の美がしたたり落ちてくるのって超孤独な作業でしょ？　充実した孤独からしか落ちてこないものが美術だと僕は思ってて。いま「パブリック」がすごく表に出すぎてて、アートが持つ濃密なところがどんどん欠けていく。もっと孤独な自分だけの世界があっていいと思うんです。

散らかして初めて見つかるもの

舟越　学生に一人一枚ベニヤ板と紙を渡して、「材料は何でもいいから、何日かかけてデッサンしろ」と言うと、そんな大きなものを描いたことがないからみんな苦労して、予備校で習ったデッサンの方法で追いかけるんだけど、破綻が起きるわけ。すると消すじゃない。消すと汚れ始める。さらに白を塗り直したり、ものすごい濃い絵の具で描き直したりしているうちに、ぐちゃぐちゃした状態から現れてくるものがある。

椿　やっぱり散らかってないとダメなんだ。

舟越　一回散らかさないと自分なりの片付け方というか、自分の空間や世界は生まれないと思うけどね。

椿　なるほど、これでますます理論が強化されていく。舟越さん愛用の道具って、何かありますか？

舟越　大きいデッサンを描くとき二本、三本と線を引いて、白鉛筆みたいなものでその線をもう一回潰していくんです。するとうまくいってない線を黙らせることができて、うまくいった線がふっと浮きあがってくるんですよ。

椿　まさにそれを知りたかったんです。いま舟越さんの脳がうずいていることは何ですか？

舟越　ずっと気になってるデッサンがあるね。最初は

「これじゃ観音様だ」と思って、まだ作品になるかわからないけど、イメージを固めようと思っています。二〇一二年と一三年に、釜石（岩手県）で子供たち向けに移動展覧会をやったんですよ。自分の作品だけをトラックで持って行って、四つか五つの小学校を毎日移動して。観音様ふうのものが出てきたのはこの震災の記憶があったからかな。

＊1　イヴ・クライン　単色で絵画を制作するモノクロニズムの作家。自ら青色のオリジナル顔料「ＩＫＢ」を開発した。これを用いてモデルを青く塗り、キャンパスに押し当てた「人体測定」は身体の痕跡を絵画として残した実験的作品として知られる。

＊2　森村泰昌　一九八〇年代より一貫して、世界的著名人や名画の人物に扮するセルフポートレイトの写真作品を手掛ける。椿らとともに「アゲインスト・ネイチャー」展に参加した。

funakoshi - san

「自分の言葉」が生まれる、音の伽藍

古川周賢《ふるかわしゅうけん》

（臨済宗恵林寺住職）

臨済宗妙心寺派恵林寺住職。一九六七年、岐阜県各務原市出身。東京大学文学部・大学院人文社会系研究科博士課程修了。文学博士（哲学）。一九九七年から十三年間、京都紫野大徳寺専門道場で修行を積み、二〇一一年から山梨県甲州市にある武田信玄の菩提寺、恵林寺副住職に就任。二〇一四年には、住職に就任した。大学や企業とも連携し、坐禅や禅問答を取り入れたワークショップを開催している。

僕の嫌いなものは、百円均一とリクルートスーツ。横並びの就職活動をしなくたって、生きている大人はたくさんいる。代表選手が、武田信玄の菩提寺である恵《え》林《りん》寺《じ》の住職・古川周賢老師だ。老師は、東京大学で哲学の博士号を取得したのに山門に入り、初めての就職が四十歳過ぎ。恵林寺の副住職に抜擢され、やっと親孝行ができたという。由緒正しきお寺には未解明の謎も多く眠るそうで、そのうち日本の中世史の一部がここから書き換えられてゆくだろう。吐く息も白む冬の日、恵林寺のお堂で鎌倉・南北朝時代の高僧・夢窓国師作の庭を眺めつつ、立ち話を始めたが――。

椿　賢さんは四十歳過ぎまで雲水をして扶養家族でしたね。そもそもなぜ出家されたのですか？

古川　研究をしていた頃の私は、一種の完璧主義者。自分に求める理想が高かったんですが、現実とのギャップに苦しみました。頭でっかちの自分に嫌気が差していた時に、たまたま出入りしていたお寺で颯爽とした修行僧を見ていっぺんに惚れてしまい「厳しい修行の世界に行こう」と。一種の変身願望です（笑）。

椿　劇的な転身ですね。生い立ちはどんなでしたか？

古川　父の実家は岐阜のまったくの田舎だったけど、ある日バイオリンを弾いている自分の姿を、夢に見たらしいんですよ。祖父は飲んだくれの駅員で、そんな気は全然なかったのですが、東京にいた伯母がハイカラで「やらせてあげなさい」と。それで親父は独学して岐阜大学の学芸学部に入り、東京でプロの音楽家として食ってたんです。そういう人間だから社会性ゼロ。大学教授でしたが、財産も全然ない。本やレコードを買って、あとは贅沢に消えました。

椿　蕩尽《とうじん》ですね。

古川　親父の恩師も大阪・船場《せんば》のどら息子。戦前のナポリ（イタリア）で修行した人で「お金をケチるな」が口癖だったそうです。親父は「音楽をやる人間はファッションや香水がわからないとダメだ」と言って、僕も小さなころから香水のレクチャーを受けました。親父からは「何をしてもいい。でも後悔はするな」と言われて、坊さんになると言った時も親父だけが賛成してくれました。子供のころから、ウラディミール・ホロヴィッツ（ウクライナ出身のピアニスト）とか、カラヤン（オーストリアの指揮者）のコンサートに兄と行かせてもらって浴びるように音楽は聴いてましたよ。東京に出てからも珍しいレコードをお土産に買って帰ると親父が「よしよし」とお金を出してくれたんです。だからおかしくなっちゃうんですよ、人間が（笑）。値段ぐらい見るけど、なんとかなるさと欲しかったら買ってしまう。欲望が充足すればいいんです。

椿　赴いた好奇心を止めると精気が下がるというか。

古川　音楽って最初の音だけが勝負なんです。この世のものとも思えない音だったら、ひたすら死ぬ思いで聴きます。最初の音がつまらなかったら、ポイですね。人が一生に出会うものって決まっていて、その時に聴くからスイッチが入る音楽があるんです。

椿　この間、オラファー・エリアソン[*1]〔デンマーク出身の現代美術家〕の本『TYT (Take Your Time) vol.5:The Kitchen』が買った途端に全世界でソールドアウト。そのタイミングでしか出会えないものはありますね。

古川　自分の鼻を信じて、欲しいものは「呼んでる」と思った方がいいですよね。僕は本を五分でも読まずにいられない質《たち》で、学生時代、早稲田の古本屋街で毎日本を買って帰っていたら、すごい量が溜まりました。下宿の六畳間が本とレコードで埋まって、建物が傾いちゃって（笑）。大家にえらく怒られましたね。そうそう、この寺にはすごい古文書が眠っているんですよ。

古文書を読める人を総動員して研究しようかなと思ってます。新しいおもちゃ（笑）。

五感を開く、「量」

椿　僕は、尽きぬ好奇心とか妄想を一生続けるエンジンって、幼少期の環境にあると思うんです。

古川　でしょうね。小さいうちに五感を開かないといけないですね。音とか色とか、形とかで突破口が開けるとスイッチが入るんですよ。子供ってすごく情報が入るわりに、受像機の側がまだできてないから、いっぱい入っても見えないんですけど、たくさん入れておくと、ある時にバチっと波長があって、何かと繋がった瞬間に、そこから世界を突破する道が開ける。それを開いた人間は苦境があってもどうにでもなる。わかりやすい例は、松尾芭蕉の「古池や蛙飛び込む水の音」という句。池に蛙が飛び込んで「ちゃぽん」という水音は、何万回、何億回も人類は聞いてきたんですが、誰も気にも留めなかった。でも、芭蕉はスイッチが開いているから「古池や……」とやる。すると回路が開いて、今では日本人なら誰でも「ちゃぽん」という水音を聞いた瞬間に「古池や……」という言葉が立ち上がってくるように呪縛されているんです。突き抜けちゃった人は世界の解釈の仕方を根本から変えてしまうんですよね。僕の場合はたまたま親父が音楽をやっていたから、音楽で開くんです。子供のころベートーヴェンの第九をずーっと聴いて、絶叫しましたね。大声ででたらめに歌っていたら親父に「うるさい」と言われましたけど（笑）。多分あの日、頭のなかで回路が開いたんです。向こう側へ繋がる異様なものを見なきゃダメなんですよ。本当に震え上がって夜寝られなくなったりとか。そういうスイッチを開くためには、量が必要ですよね。

椿　僕も学生に半期で千枚のスケッチをやらせるんですよね。千を越えたら何かわかる、万を越えたらもうひとつわかる、と。

古川　限界を越えないとダメですよね。僕が哲学科にいた頃、指導教官に「青天井で書けるのは博論だけだ。鯨みたいに浴びるように読んで書け」と言われて。僕は七〇〇枚書いたんですよ。そしたら頭がおかしくなっちゃって（笑）。熱が出て、ランナーズハイ状態で、一日一五〇枚書けちゃうんですけど、後で読んでも結構いいんだよね。「自分で考えてやる」みたいな設計できることってたかが知れてるんですよ。何かを越えた瞬間にとんでもない本物が出てくるから、何でも力尽きるまでやったらいいんです。設計できない世界に身を委ねた瞬間におもしろいことが起きるわけです。だから設計不可能性の設計が大事ですね。

子供は型に入れるべし

古川　僕が椿先生に共感するのは、子供は型にはめなきゃいけないと言っていることです。型をやるのは突出したものを探すためじゃないですか。型に入らないものって、不完全なだけなんですよね。

椿　僕はインテリジェント・セブンって言ってます。七歳までに論語とか、書とかずっと変わらないものを教える。山でどんぐり拾うとかも石器時代からやってるでしょ。それを仕込んで、しっかりとした人間の原型をつくっておけば、社会は命脈を保つ。幼稚園から英語を習わせるなんてしていたら、後が怖いですよ。

古川　自分の枠を越えるには、自己認識の枠を破る手続きがいるんですよね。千年、二千年かけてできた強固な型にまずは自分を押し込めて、破った瞬間に本物が出てくる。だから、型は古典しかダメなんです。

椿　僕もホメロス[*2]〔ギリシャの吟遊詩人〕の『イリアス』を読めと学生に言っています。きちっとフレーム（型）を叩き込む方がいい。タッチパッドでネットの検索を教えるとかは、しゃらくさい。一番よくないのが、一時間目、二時間目と授業が細切れなこと。人間を分断していって、統一体にさせない。

古川　それから、自分の認識を破るためのフレームは整えられていない方がいいです。論語なんて、教訓もあるけど、わけのわからない内容もいっぱいある。そういう気味の悪いところまで行って、ぐらぐら揺るがされた方がいい。W・F・オットーというウェルギリウス[*3]〔古代ローマの詩人〕の研究家がいましてね。ガチガチの研究者だったんだけど、ギリシャ旅行に行って、太陽の光を見て「アポロン（神）は実在する」と思ったんですよ。それから『ギリシャの神々』（未邦訳）という大著を書いたんです。でも学会からは「あいつ頭がおかしい」と放り出されてしまった。でも、きっと彼には本物の気味の悪いものが見えてるんですよ。ここで勘違いしてはいけないのは、「アポロンがいる」といっても、僕らが想像するでっちあげられたアポロンじゃないんです。

椿　そうなんですよ。ある神託のようなものが降りてくる瞬間を「アポロン」と呼んだんですよ。

古川　おもしろいのはね、もっと読んでいくとオットーは、アポロンは「距離にまつわる感覚だ」って言うんですよ。たとえば、戦場で若い兵士が矢に当たって老兵より先に死んでしまう。そのとき「アポロンが弓を射てる」と。若い兵士は自分の運命に対してもう逃れられないという自覚があって、その運命を神様と呼ぶんです。

椿　独特の身体感覚ですね。以前、内田樹さんと対談したときに、能楽とか、中世の身体感覚って斜め後ろに視線があると聞いたんですよ。宮本武蔵が吉岡清十郎と斬り結んでいるときも、俯瞰して見ているような感覚があったはずだ、と。ギリシャ神話でも同じような身体性があるんですね。もともとはそういう空間認識としての自己があったのに、近代では失われてしまっているんでしょうね。

古川　ラグビー元日本代表の勝野大さんも言っているけど、ラグビーはタックルをかわしながら、ボールを後ろに投げるからどこに誰がいるか、後ろに目があるようにわかってなきゃいけない。そこでもっと感覚を訓練したいと、一時期スキーをかなりやったそうです。こういう人には後ろが見えているんでしょうね。

椿　日常空間も実はみんなそうなんでしょうね。たとえば、会社で部長が新聞を読んでる。その気配だけで「あ、今日は早退しよう」とか。で、早退した後に部長が怒り出して、俺だけラッキーみたいな（笑）。

言葉が自分のものになる瞬間

椿　話を戻すと、賢さんのコックピットはやっぱり脳なんですかね。

古川　僕の場合、喋るとスイッチが入るんです。昔読んだ本がばーっと出てきて、ぐるぐる廻り出すんです。

椿　言葉が音楽みたいに。

古川　そうですね。元の文脈と違うものなんですが、本当に大事なものが立ち上がってくる瞬間があるんです。たとえばカンディンスキー[*4]〔ロシアの抽象画家〕は、モネの「積み藁」を見て絵描きを志したんですよ。じっと一日中その絵を見て、あるときぱっと使命がわかったという。マザー・テレサもイエスが死の直前に「喉が乾いた」と言ったのを「救済を求めている人がいる」ととらえたんですが、痙攣《けいれん》のようにその感覚が襲ってきたそうです。本当に大事なものがわからないなら、なるべく詰め込んで揺さぶっておいて、脳を混乱した状態にさせると、最後に尖ったものが出てくる瞬間がある。禅も似たところがありますね。

椿　禅って「ずっと座ってろ」と言うじゃないですか。その間に山のような妄想するでしょ。強引にその時間を与えられるのがすごいシステムだと思うんですよ。

古川　道場では不立文字《ふりゅうもんじ》*5〔坐禅によって悟ることこそ真髄という意味〕という戒めがあって、文字を読んだらダメなんです。私は一時期は月に二十万円くらい本代に使うほど本の読み過ぎだったんですが、本をまったく読まないでいると、あるときストーンと頭が整理されて、すーっと筋が一本通ったんですよね。それまでは、本の内容を要約して覚えていたんですが、おもしろいエピソードだけが記憶に残るようになったんです。それも、実はデタラメが入っているかもしれない（笑）。映画評論家の淀川長治もそういう人で、言っていることと実際の映像が違ってたりする。でも僕はそれでいいと思うんです。

椿　それがオリジナリティですね。いったん言葉が消えて、再び現れてきた。

古川　言葉がどこかで自分のものになる瞬間ってあるんですよ。それって自分のなかで言葉がぐるぐる廻っているかどうか。これをつくらなきゃダメです。子供のころはお喋りに育てた方がいいですね。言葉って音にも形にも色にも反応できるから、一番抽象度が高い。だから活字を読むってあらゆることに通じるんです。これがシークレットキーですね。

椿　賢さんは何にいま、脳みそがしびれてますか？

古川　禅のワークショップで何かできるんじゃないかと思っています。かなりの精度でパーンとスイッチが入る仕組みをつくれるんじゃないかと。世上尊ばれるマーケティングって分析して算定するんですよね。でも算定できるものって過去ですから、いま本当に起きていることの上に書き割りを書いているみたいなもの。そこからは手持ちのリソースの縮小再生産しか生まれない。シフトをつくる人間が必要ですよね。

椿　僕もそういう人を生む環境はつくれると思う。

古川　あるお坊さんが、メガネを手に置いて「これは何か？」と聞くんです。「メガネです」と答えると「違う」と言う。目にかけるから「メガネ」だが、手にかければ「テガネ」だろ、と。そこで改めてメガネを手に置いて「これは何か？」と聞くんです。概念や名前は制度でしかないわけだから、名前は何でもいいはず。クリエイターならそこで違って見えてくるべきだと思うんです。たとえば、靴だって機能を追究したら足の甲にひもがなくてもいいかもしれない。要は機能性や、純粋な美しさなど、自分で一度マトリックスを設定して、徹底して見てみる。それをいろんな角度から繰り返していくと、頭のバイアス（先入観）をはずすことができる。そんな装置をつくれたらと思うんです。

椿　それこそイノベーションですよね。古典や型を学ぶ。そして圧倒的な量をこなすこと。それが一度抜け落ちてからじゃないとね。あ、もう電車の時間。二時間半も経ったの？　あと八時間くらい喋れそう（笑）。

＊1　オラファー・エリアソン　デンマーク出身の現代美術家。自然界の要素を作品に取り込み、観賞者の知覚に訴えるインスタレーション作品で定評がある。

＊2　ホメロス　叙事詩『イリアス』『オデュッセイア』の作者とされる。前八世紀ごろ小アジアのイオニアに生まれ、盲目で吟遊してギリシャ諸国を遍歴したと伝えられている。

＊3　ウェルギリウス　アウグストゥス帝とマエケナスの庇護を受けたローマの詩人。叙事詩『アエネイス』、『牧歌』『農耕詩』などの作品がある。

＊4　ワシリー・カンディンスキー　抽象画の始祖といわれる。ロシア革命後はバウハウスで教鞭をとり、後にパリに移住し、ミロやダリと親交を深めた。

＊5　不立文字　教典の言葉から離れて、坐禅によって悟りを体験することこそ、真髄であるという禅の根本にある思想。

EC33C
CCCP

何もないのに、すべてがあるオフィス

長嶋《ながしま》りかこ

（グラフィックデザイナー・アートディレクター）

グラフィックデザイナー・アートディレクター。一九八〇年、茨城県出身。二〇〇三年博報堂入社、二〇一四年に独立しvillage®を設立。グラフィックデザインを基軸に、ブランディング、プロダクトデザイン、アートディレクションなどを数多く手掛ける。二〇一五年、デザイン界に寄与した人物に授与される2014毎日デザイン賞、JAGDA賞2015受賞、その他国内外で受賞多数。

ラフォーレ原宿の年間イメージ広告をはじめ、感覚に訴えかける力強い作風で知られる長嶋りかこさん。その作品に思わず立ち止まって眺め入ってしまうのは僕だけではないだろう。若手クリエイターのなかで、めきめきと頭角を現す筆頭だ。僕と一緒に校長を務めた東京ミッドタウン主催の「森の学校」で対談したところ、三十歳も年下なのに、なぜか同世代なのではないかと思わしき独特の育ち方をしている。都会にあるスキマを見事に見つける彼女のクリエイティブの源泉も、もしかしたらそこにあるのではないかと探ってみた。

椿　このオフィス、都会のなかの奇妙なスキマみたい。廊下とのギャップがすごいですね。『マルコヴィッチの穴』[*1]〔米映画〕のようで。壁の向こうに、別世界がある。

長嶋　この建物は、東京オリンピック（一九六四年開催）の選手村に使われていたそうで、古いホテルみたいな建物なんです。屋上にはかわいいプールもあるんですよ。

椿　空間でクリエイティビティって変わります？

長嶋　変わります。私が以前在籍していたような組織だった会社って〝できた箱〟なので、受動的な空間ですよね。選択の余地なく与えられた環境で、みんな一様に働いている。でもデザイナーは特にですが、人によって趣味趣向は違うし、場から受ける影響も大きいですから、好きなものに囲まれたいし、アンテナが相互に作用できる空間にしたいですよね。

椿　こういうふうに会社のオフィスって、変えられないかな？

長嶋　大きな会社だと機密がどうとかルールがあるんですよね。前の会社には本棚を置けなかったんですよ。デザイナーは一番本を見なきゃいけないのに。だから「おかしいです」と言って本棚やテーブルを作って、自分のスペースだけ無法地帯にしてました。そしたらみんな集まってきて、私の本を勝手に読んだりしていたから「ほら、必要じゃないですか」と上司に言って。「じゃあ長嶋のところだけOK」となっていましたね。

椿　日本はパブリック・スペースを横並びにしますね。

長嶋　結局、整理の都合のためだけですよね。

椿　舟越桂さんのアトリエみたいに、ものはわざと出しておく方がいい。みんな効率ということを間違っていて、かえって非効率になっているんじゃないかな。

長嶋　ものが発してる信号に触れられなくなりますもんね。私の場合、混沌としているところと整理整頓されているところのコントラストがつくるものがデザインに影響してきます。

椿　このオフィスは床がコンクリートだったり、階段が鉄素材だったり、乱雑でランダムな感じだもんね。会社では同じデスクを並べたりするけど、僕にはそれが殺伐とした風景にしか見えない。

長嶋　本当はクリエイティブな仕事って、自分のなかに蓄えているグチャグチャしたもののなかから取り出す作業なはずなのに、最初から無理やりクリーンなグリッドにはめちゃうと、つまらないものしか出てこないと思うんですよね。

椿　広告代理店の企画書も、どこかで見たものが多い。

長嶋　そういう企画書はすでにあるものを編集した、それらしい言葉と、それらしいフォーマットによるものなんでしょうね。

椿　何も生み出していないけど。

ものがないから自分で作る

椿　長嶋さんの生い立ちを教えてください。

長嶋　茨城の北にある緒川村の出身なんですが、本当に何もなかったんです。でも、ものがないから自分で作ろうとか、どうしたら楽しくなるのかという工夫が生まれるんですよね。だから「実はたくさんあったんだ」と大人になって感じるようになりました。逆にものがたくさんあると選択して編集するだけですよね。

椿　ものがないなかで、どんな遊びをしてましたか？

長嶋　親はおもちゃを買い与える余裕がなかったので、友達の家でおもちゃや人形を見て「かわいいな」と思ったら自分で作っていたんです。人形をちくちく縫ったり、紙で服を作って着せ替えしたり。戦後みたいな感じですけど（笑）。

椿　僕の息子の世代なのに、育った環境が僕と変わらんな（笑）。

長嶋　おもちゃを作るのは、買うことよりもできていく過程が楽しくて、むしろ買えない悲壮感は全く感じなかったんですよ。

椿　ご両親も器用だったの？

長嶋　いえ、全く。でもおじいちゃんおばあちゃんは器用ですね。器用にならざるを得ないという感じで。日々の暮らしや農作業で必要なものは昔の人は手作りですから。おじいちゃんから「竹一本あれば弓矢から水鉄砲から、ご飯茶碗やお箸までできる」と教わりました。

椿　長嶋さんの年代なら、みんなゲームしますよね。

長嶋　友達の家でやってみましたけど、ゲームってすでにあるルールや機械次第だから不毛だと思ってしまうんですよ。でも作ることはルールも含め自分次第です。しかも作るプロセスで得た技術は他でも生きてくる。マンガも読後に何も残らなかったんです。でもこれはいいマンガに出会う環境にいなかったんだと思いますけど。まあ、そもそも買えないので、友達に借りたり廃品回収で積んでいるのを読んだりとか（笑）。

椿　ホームレス中学生みたい（笑）。僕もおじいちゃんの納屋でおもちゃを作ってましたね。

小さく、弱い存在の傍らで

長嶋　おじいちゃんおばあちゃんと暮らすっていいなと思いますね。死が遠い未来じゃなくて、わりと近くにある、弱くなっていくのがわかる存在が身近にいると、ちょっと優しくなれます。

椿　良い言葉ですね。

長嶋　それに、うちの実家の辺りは土葬だったんですよ。死体が土に埋まっていくのを見るのが、結構ショッキングで。死体の上に土を盛るんですが、日が経っていくと土が徐々に沈んでいって、おじいちゃんが土に還っていくところを視覚的に感じられるんですよ。火葬でぱっとなくなってしまうのではなくて、死を咀嚼する時間があるというか。そしてその土でまた雑草の芽が生えてくる。生命の循環を垣間見た気がします。

椿　僕も教師を始めた頃に神戸の山手に引っ越したんですが、そこが土葬でね。墓穴を掘るのを手伝わされて、そのショックで「フレッシュ・ガソリン」[*2]〔立体作品〕ができました。でも長嶋さんは、その若さで土葬を経験してるというのが、すごいね。

長嶋　さすがに実家の方でも今はなくなりましたけど。小さいころから、自分の家のお墓に行くのは怖くなかったんです。すぐ目の前の山にお墓があったんですが、江戸時代くらいからの先祖代々のお墓があって「ああ、だから自分が今ここにいるんだな」っていう脈々とした命の鎖を感じられる。

椿　ラフォーレ原宿の広告を作っていた人とは思えない、恐ろしいギャップですね。でもクリエイティブの源泉は、そのギャップでしょうね。平準化されたところに創造性はない。いまや横並びのロボット人間ばかり増えて、社会から寛容さがなくなってますが……。

長嶋　うちの地元に、〝お月見泥棒〟という風習があります。お月見の夜は、縁側にお団子とススキを飾るんですけど、子供はよその家に行って、お団子を盗んで食べていいんです。誰かが食べにきたら「今年は豊作だね」と思う習わしなんですね。田舎では所有が曖昧だった気がします。木になった柿や梨は、勝手に採って食べるのが普通のことでした。でも都会だと誰かのものになってしまう。これは自分の権利で、それがあなたの権利と。そもそも土地なんて、みんな地球からの借りもののはずだし、勝手に人間がそこに住まわせてもらっているだけだと思うんですよね。

椿　昔は村人なら誰でも木を伐ったりしていい入会地がありました。この間、丹後半島の山奥でお米を作っているおじいさんの田んぼに行ったんですが、落ち穂を集めていたら叱られました。それは雀や貧しい人が食べるから「欲をはったらいかん」って。そういう風習が残っている。機械だったらひと粒残らず取るわけだけど、取りこぼしの良さっていうか、あまりパーフェクトにやらない。スキマは誰かが使ってくれるから、そっとしておこうという了解がありましたね。

長嶋　横浜に寿町というドヤ街がありますよね。あそこって「あって、ないような存在」じゃないですか。でも高齢化で空き部屋が多いから、あの場所の認知も兼ねてアートを介して、外の人間を入れようというプロジェクトの話があったんですが、もちろん良い面もあるけれど、悪い面もあるなと思ったんです。確かにああいう街ができてしまう社会の現状を知ることはできる。でも、知られないことで生きられる切実な人たちもいるのかなと。何でもそうですけど、活性化させたいというマジョリティな価値観と、小さい者や弱い者が良いと思っているマイノリティな価値観、両方あると思うんですよね。

椿　成功した人がセーブしたり、強い人が取りすぎない倫理が必要でしょうね。

長嶋　何においてもそういう倫理観って必要だと思います。双方のいいとこ取りをするぐらいがちょうどいい。

街のなかにスキマを探す

長嶋　今日は凧を作っていたんですよ。凧揚げって風と遊べるから好きなんです。すごく当たり前ですが、風を受けて飛んでいるんですよね。雨や風って最も身近に自然を感じられるもの。なので「これは風」と書いてある凧をデザインしたんです。

椿　いまはその当たり前が忘れられていますからね。「あ、風が吹いているんだ」と、そういうスキマを広げるのが、クリエイティブの役割だと思います。デザインは一点もののアートと違って、数が多いので多くの人が変わる可能性がありますね。ところで長嶋さんは、仕事しているときはどんなモードですか？

長嶋　いま思うといい仕事になるときはその仕事に対してものすごい怒ってたり、ものすごい悔しがってたり、興奮してたりしますね。

椿　感情が揺れてるときですね。

長嶋　そうです。感情が揺れているときに思いついた言葉をばーっと書き留める。その後冷静に理性で考えたアイデアとリンクできると、おもしろいものになるんですよね。感情だけでやっても根も葉もないですが、理性だけでやってもつまらなくてダメなんです。

椿　長嶋さんの仕事って感情の揺れが入ってるから、言語化できない魅力が伝わってきますね。

長嶋　言葉じゃなくても、たとえばいい音楽は確実に心に伝わってきますよね。ビジュアルでもそれができると思うんです。言葉ではないけど、言葉以上の何かになるものがつくれたらいいなと思います。

椿　スランプはありますか？　「午前四時にはいつも魔女が来るのに、今日はどうして……？」みたいな。

長嶋　あります(笑)。でもやれば出てくるってわかっているから、やめずに続けることですかね。

椿　寝かせていたことが十年経って実現したり。

長嶋　それって、根っこがずっとぶれてないってことですね。

椿　そんな高倉健さんみたいにかっこよくないですよ(笑)。長嶋さんの魔法の杖みたいなアイテムはありますか？　僕は小っちゃい消しゴム（「激落ちくん」と書いてある）とドクター・グリップの〇・九ミリのシャープペンシルかな。

長嶋　なんかこの消しゴム、すごく椿さんぽい（笑）。私は意外にないんです。昔からものがなかったから、何でもあるものでやるので。紙とペンさえあればという感じです。

椿　僕は、すごくいいアイデアが出るときって、コピー用紙の裏とかに書いちゃう。本当は中性紙のノートに描いた方がいいと思うんだけど。

長嶋　そういえば建築家の青木淳さんはずっと同じ大学ノートにアイデアを書いてらっしゃいますよね。後でまとめて出版されていて、いいなーと思いました。

椿　僕も全然ダメですね。いま長嶋さんの脳がしびれてることはありますか？

長嶋　以前オーストラリアの上空から見た雄大で混沌とした曲線ばかりの大地の景色が、都市に近づくにつれてまっすぐな道路の線で整理されていく景色を見て、ちょっと怖くなったんです。コンクリートの道路の下にはたくさんの生命があるのと同じように、自分のなかにあるはずの曲線を効率のために直線に収めている気がして。それがきっかけで、デザインを通して自然との調和や人の動物的感覚を再認識するようなデザイン活動「ヒューマンネイチャー（Human Nature）」を始めました。もうひとつは、六本木に宮島達男[*3]〔現代美術家〕さんの「カウンター・ヴォイド」という作品（五メートル×五〇メートルのガラススクリーンに、数字を映し出す作品）があるんですが、3・11をきっかけに彼は鎮魂の意を込め作品の電源を落としているんです。これを3・11後のいまに必要な機能とメッセージを持った作品に生まれ変わらせることを考えています。宮島さんは無邪気に電源をつけるだけだと、震災前の社会といまが、結局変わらないことと同じになってしまうと危惧したんでしょうね。そして、それを作家が考えるのではなく、私を含め他の人たちが作品の在り方を考えるという試みです。

椿　作品をリレーしていくような取り組みですね。

長嶋　それは作家が考えるべきなんじゃないかと最初はあまり気が乗らなかったんですが。でもこれからオリンピックがあって、震災や復興についてはもっと忘れられていく流れにあると思うので、このアートをきっかけに3・11後の生き方を考えて声を出していく場をつくれるならといいなと思っているんです。

椿　答えを示すより、問いかけになる作品になるといいですね。

*1　『マルコヴィッチの穴』　スパイク・ジョーンズ監督。オフィスの壁に空いた穴が、ジョン・マルコヴィッチの脳内に繋がっていて、主人公クレイグと妻の人生を狂わせる。

*2　「フレッシュ・ガソリン」　サンフランシスコおよび全米七か所を巡回した「アゲインスト・ネイチャー」展にて、椿昇が出品した立体作品。

*3　宮島達男　一九八〇年代半ばからLEDと数字を用いたデジタル・カウンターの作品を制作する。光は数を刻み、明滅する数字が生まれては死にいく生命を表す。カルティエ現代美術財団をはじめ、国内外の多くの美術館で作品が収蔵されている。

長嶋りかこ

「信じられる抽象」を育む美術館

和多利浩一《わたりこういち》

（美術館代表）

一九六〇年、東京都渋谷区出身。東京都渋谷区にある私設美術館、ワタリウム美術館代表。一九八〇年、姉であり同館現館長の和多利恵津子氏とミュージアムショップ、オン・サンデーズをスタートし、一九九〇年、ワタリウム美術館を設立（初代館長は母、和多利志津子氏）。第一線で活躍するアーティストだけでなく、建てない建築家坂口恭平など、アート・建築の枠を拡張する展覧会を手掛ける。

一九九〇年の開館以来、国内外のアーティストはもとより、ルドルフ・シュタイナー[*1]〔オーストリア出身の思想家〕や北イタリア、レッジョ・エミリア市でスタートした新しい幼児教育アプローチをアート展にし、圧倒的なクオリティと速度感で既成の価値観を揺るがし続けるワタリウム美術館。代表の和多利浩一さんは、姉の和多利恵津子さんとともに、キュレーションを手掛けている。アートマーケットにおもねらず、既存の枠にとらわれない展覧会は、もはやそれ自体がアートだ。インテリジェンス溢れる展示の秘密を聞いた。

椿　和多利さんを支えているコックピットのような空間はここ（ワタリウム美術館の一室）ですか？

和多利　そうですね、ここがほとんどです。子供が四人いるので、彼らから情報を得ることも多いです。「ニューヨークでの村上隆の最新の展示がヤバかった」とか、アイドルの話にしても、変わった生情報が苦じゃなく手に入ります。

椿　和多利さんは、東京の青山・原宿育ちだそうですが、幼少期に何を見て育ってきましたか？

和多利　親の実家が金沢の近くなんですが、北陸地方の福助足袋を一手に引き受けるような呉服屋だったんです。僕がお絵描きするのは必ず反物《たんもの》の芯。絵巻物になるんですよ。あと大きな算盤《そろばん》をローラースケートにしたり、いろいろな長さの竹の定規を剣のように腰に刺して、風呂敷をマントにしてました（笑）。親父が家を継がずに一家は東京に出てきたので、幼稚園は原宿幼稚園でしたけど、小学校低学年までは夏と冬に寝台列車で姉と僕は田舎に帰ってました。だから匂いとか風景とか、蘇ってくる里山的なものがあるんです。

椿　一人遊びはしてましたか？

和多利　親戚の子と遊ぶか、一人で遊んでましたね。

田舎の家は広いので、いつも探検みたいでした。使っていない部屋が多くあり、時代物もたくさんあってそれを引っ張り出したりして。蔵が三棟あって、怒られると蔵に閉じ込められたりもしましたね。昭和初期に建てられた三階建ての洋館と、母親たちが住んでた別館もあり、全部で約二十部屋もあったんですよ。異空間がいっぱいありました。

椿　東京ではどうでしたか？

和多利　その当時はキディランドで輸入のおもちゃのサンプルで遊んで、壊していくというパターン（笑）。家にはおもちゃがほとんどなくて、おもちゃは自分で作るものだっていう感覚がありました。田舎ほど大胆じゃないけど、東京でないような変な遊び方をしてました。たとえば新宿御苑の塀に穴があって、そこからお金を払わずに入って、好き勝手にザリガニを捕っていました。竹下通りの横にある東郷神社でもザリガニ釣りはやりましたね。あと、母（和多利志津子氏）が絵が好きで展覧会に連れて行かれましたが、苦痛でしょうがなかったな。

リアルな現場で本物に触れる

椿　現代アートとはどこで出会ったのですか？

和多利　粋な計らいなんだけど、大学の入学祝いに「芸者をあげるのと、ニューヨーク行きのチケットのどっちがいい？」と母に聞かれて。僕はニューヨーク行きのチケットを取ったんです。そのときに河原温[*2]〔コンセプチュアル・アートの第一人者〕と山口勝弘[*3]〔メディア・アートの先駆者〕に会ったかな。僕の人生初のスタジオ訪問ですね。あと、母に言われて、あるアーティストのところに僕の生存確認も兼ねて毎週土曜にご飯を食べに行って、その人から一週間分の生活費をもらっていました。アパートを借りて、薄っぺらな寝床用のマットを買って、映画館と美術館と本屋を二か月間延々回ったり、ＭｏＭＡ（ニューヨーク近代美術館）でドナルド・ジャッド[*4]〔ミニマル・アートの巨匠〕の展覧会を見たりね。

椿　大学に入るまでアートとのつながりは？

和多利　ほとんどないです。母は寺山修司と親交があったので、彼の演劇は見てたけど、僕はコロンビア大学とかの映画学科に行こうと思っていて。そのリサーチでニューヨークに行ったんです。でもオン・サンデーズを姉と始めてから、バタバタといまに至ると。

椿　途切れることがないんですね。

和多利　僕は美術史を学校で学んでいないです。その当時目にしたアンディ・ウォーホールやキース・ヘリング[*5]〔米国の現代アーティスト〕など実際の作品から時代を遡《さかのぼ》って独学をしたんです。その後ワタリウム美術館でも展覧会を開いたり。ですから僕の美術史って、抜けてるところは抜けてるんです。

椿　わざと排除してるんじゃないですか（笑）？

和多利　自分が興味がないところは必要がないからね。必要だったら勉強すればいい。ほとんどのものは美術館で実物を見てから追いかけて勉強していますね。

椿　お姉さんは、美術を勉強されていたのですか？

和多利　姉は早稲田大学で美術史を学んでいました。受験浪人していた時に、ジャッドのマーファ（米国テキサス州）にあるスタジオの一番最初のゲストで行ってたんです。浪人中なのに一か月間もアメリカ行きを許す母親もひどいんだけど（笑）。

椿　すごいですね。お母さんはずっと美術畑ですか？

和多利　いやオートクチュールをやってたんですよ。それがすごくうまくいっていたんです。しばらくしてギャラリーを始めて、数年後ギャラリー一本にしていったんです。一番最初の展示は人形作家の辻村寿三郎さん。寺山修司さんとか、金子光晴さんとか、詩人の展覧会もやっていたし。

椿　芸術のパトロンですね。そういう人がいると、周りに芸術家って集まるんでしょうね。

和多利　小さいころからそういう光景を見ていましたね。僕にとっての寺山さん、ナム・ジュン・パイク*6〔韓国出身のメディア・アーティスト〕さん、建築家の磯崎新*7〔ポストモダニズムの建築家〕さんは先生でもあるな。アートって、ＢｔｏＣ（企業・消費者間の取引）のＣ（消費者）のパイが少ないじゃない。「この作品、一億です」と言っても買う人は一人でいい。作る人と紹介する人とコレクター。この三人がタッグを組んで延々やっていけば、三人で美の定義を変えられるし、新しい美術の潮流ができるのがアートのおもしろいところですよね。

椿　その三番目が欠損してるのが日本の問題ですね。世界のアートシーンのなかで、日本のアート消費ってＧＤＰの一％にもならない。戦後、金持ちのインテリジェンスと文化の継承システムが壊されたと思います。

和多利　そうかもしれないね。戦後といえば、僕は磯崎新さんと一緒に仕事できておもしろかったな。磯崎さん、変わった人ですよ。戦後の破壊された日本を見てたから、建築家でありながら破壊を求められる。

椿　原風景が廃墟なんでしょうね。

和多利　そうなんですよ。ヴェネチア・ビエンナーレの建築展で、神戸の震災の瓦礫を持って行って、それを展示していましたけど。普通じゃあり得ないと思う（笑）。あの時代感は独特ですよね。グローバリゼーションを見ながら、何もないところから立ち上げて、また無になってもいいというような感覚。それは寺山さんにもあったし、パイクさんにもあったな。

椿　和多利さんはずっとそういう空間にいたというのは、ある意味パラダイスですよね。

人付き合いは、いらない

椿　僕がインタビューさせてもらってる人は断捨離の真逆で、ひたすらものを集めたり、蕩尽したりする人が多い。和多利さんはどうですか？

和多利　ものはあまりなかったですね。大学一年生で僕と姉でオン・サンデーズというショップを起業したので。大学四年間で僕が大学に行ったのは一〇〇日くらい。それ以外はニューオーリンズに行きたいから、「ニューオーリンズのどこどこの出版社に交渉しに行かなきゃ」と言って、実際に行って、あとは美術館を巡ったりおいしいもの食べたり。六〇%は目的がない旅行もしていましたよね。

椿　ある時期に目的がないのは大事ですね。

和多利　そうですよ。そのための大学四年間だもん。

椿　結局、日本の教育は人間とは何かというテーゼがなくて、ちゃんとした大人をつくろうとしてないよね。

和多利　本当に変わった人は周辺から出てくるだろうね。特にクリエイティブな連中はそうだと思いますよね。

椿　いま、和多利さんみたいな人って育ちにくいですよね。

和多利　僕も青山学院大学で二年間教えていましたが、いまの学生ってまじめだよね。遊んだり、旅行に行ったりした方がいいよって言ってるんですけど。

椿　それでもこの国に未来はあるのかっていうのがテーマなんですよ。

和多利　ない！

椿　（笑）。

和多利　日本の大学を見切って海外に行く方が可能性あるんじゃないかと思いますよね。大学って、意味ないですよ。オン・サンデーズには横尾忠則さん、寺山修司さん、詩人の金子光晴さん、フラミンゴスタジオ

（デザインオフィス）の湯村輝彦さんたちがお客さんとして来てましたので、彼らと話す内容が授業より断然楽しかった。うちで買っていった洋書に似たデザインが、一か月後に『流行通信』に出ていて「あ、これはあの本にインスパイアされたんだ」とか（笑）。彼らのネタ本はだいたいオン・サンデーズから出てたりしていました。あと「ボイス[*8]〔ドイツの現代美術家〕は絶対おもしろいから入れないと」と寺山修司さんに教えてもらったり。そういう会話がすごいおもしろかった。

椿　現代アートの歴史そのままですね。そりゃもう学校なんか行ってられない（笑）。でもいまは時代が不寛容だから「あの人学校に来ないのに、単位もらっておかしい」と告発されそう。

和多利　そうかも（笑）。僕って悪い奴で、「ノートのコピーは全部用意するから、全員のノートを僕のところに集めて」と言って、テスト前に大学に行けばノートが待ってて、それを写せば単位が取れる状態にしていたんです。あと、単位の八割は簡単に取れるもの、二割はおもしろい先生の講義を取るようにしていました。コンパとか飲み会にも行ったことがなくて、卒業の前日に「たまには付き合えよ」と言われて行ってみたんですが、五千円で三軒も回れたのがカルチャーショックでした（笑）。

椿　美しい反社会性だな。世の中は、「人付き合いしなさい」と言うけど。

和多利　無駄だよ。楽しいことは自分で探さないと。

「生きていることが抽象」の時期に必要な教育

椿　和多利さんはずいぶん昔から教育のワークショップをやっておられますね。

和多利　クリエイティブに手を動かすのは幼稚園

や小学校から始めないと絶対ダメだと思っていて、一九九六年から「アート一日小学校／幼稚園」というワークショップをやってきたんです。幼児期から小学校二年くらいまでの、生きていることが抽象である時期に、変なものと出会うことが一番重要だと思います。

椿　「生きていることが抽象」っていい表現ですね。

和多利　あの時期が一番おもしろいじゃないですか。幼時期ってアメーバみたいで、漢字を習って、数字を習って、だんだん型に入る。型に入れるまでにどれだけ変なことを体験して、根っこが深くて強くなるかっていう人間力みたいなものが大事かな。でも型に入り始めるタイミングで日本はお稽古と学校があるでしょ。しかも型に入れるのも、ゆるいですよね。

椿　もう、全てがね。

和多利　だから高校生くらいで型から出なきゃいけないときに出られない。抽象を信じられないんですよ。つねに即物的で、具象しか考えられないような人間にしかならないから、はちゃめちゃな奴が出ない。抽象のなかにある人間の不思議さみたいなものを信じて、これでやっていくという人が本当に少ないと思うよね。

椿　ワタリウム美術館で開かれたレッジョ・エミリアの「驚くべき学びの世界展」の際に、アトリエリスタ養成コースの応募審査に参加させてもらいましたが、何百人もいる幼稚園の先生のうち、合格者は数人でしたね。

和多利　僕もそれで絶望感を味わいました。本気でやるなら、幼稚園をつくらないとダメだなと思いました。天才を多くつくろうとするとすごく難しい。日本がやってきたのは秀才をつくるための教育だから。ただその秀才のレベルも落ちてるのが問題なんだよね。

椿　もう一回解放区をつくっていかないと。

和多利　それには幼稚園からやらないと。老後は、幼稚園の校長先生をやりたいなと考えていますよ。超過激な人を講師に呼んで、変な授業をやろうかな。

椿　いま和多利さんの脳がうずくのは幼稚園ですか？

和多利　それもいいけど、石巻周辺でap bank（環境プロジェクトに融資する団体）の小林武史さんと思想家の中沢新一さんと僕たちで二〇一七年に芸術祭をやることになっていてね。

椿　東北には十字架がありますからね。

和多利　副題を「リボーン」として、もう一回ここからスタートしようというテーマにしているんですよ。牡鹿半島は人間が二千人で鹿が二万頭いるってところなんだけど、海辺におもしろい奴らを送り込んで、楽しいアートフェスにしようって思ってます。

椿　いいですね。コンクリートの護岸じゃない、いまの制度に対してのリボーンになるといい。

＊1　ルドルフ・シュタイナー　ゲーテ研究家、思想家。色の要素や詩を取り入れた独自のカリキュラムを用い、教育が芸術行為そのものであるべきだと考えるシュタイナー教育の創始者。

＊2　河原温　滞在場所の言語でその日の日付だけを描いた「today」シリーズで知られる。

＊3　山口勝弘　一九五一年、作曲家武光徹らと前衛芸術グループ「実験工房」を結成。七〇年代からはビデオとさまざまなメディアを組み合わせた作品を発表した。

＊4　ドナルド・ジャッド　米国のアーティスト。大規模な作品を展示する場所を求め、拠点をテキサス州マーファに移す。軍事施設や商業施設を買い取り、砂漠のなかに文化のオアシスをつくった。一九七八年、ワタリウム美術館の前身であるギャルリー・ワタリでの個展のため初来日。

＊5　キース・ヘリング　一九八〇年代の米国を代表するアーティスト。一九八三年にはギャルリー・ワタリで個展を開催。

＊6　ナム・ジュン・パイク　一九六三年、テレビモニターを磁石で操作した世界初のビデオ・アート作品を発表し、メディア・アートの父とも呼ばれる。二〇〇六年に没後、ワタリウム美術館で追悼展覧会を開催。

＊7　磯崎新　戦後第一世代と呼ばれた丹下健三に続き、黒川紀章や槇文彦らとともに戦後第二世代と呼ばれ、日本の建築を世界レベルに引き上げた。ワタリウム美術館では映像、写真など建築以外のアプローチで磯崎新を照射する「磯崎新12×5＝60」展を開催。

＊8　ヨーゼフ・ボイス　芸術は絵画や彫刻を作るだけではなく、誰もが生きるために役立つ技術とし、従来の芸術の概念を拡大した。

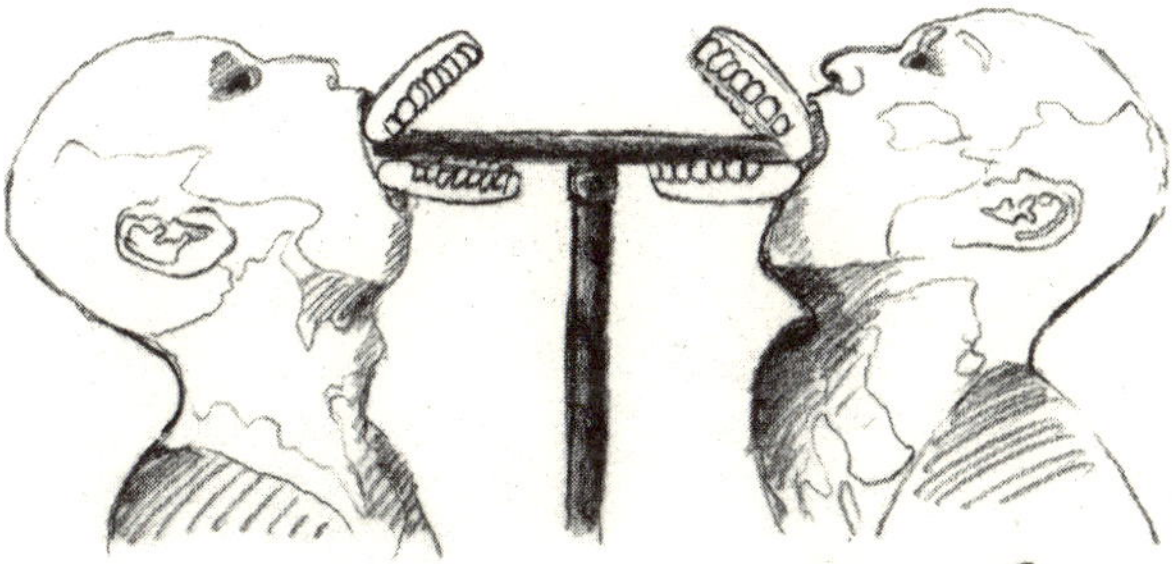

和多利浩一

椿式・創造的人間の七箇条
（取扱注意！）

一、幼少期に変な大人に出会う

一、ひとりで妄想する

一、他人がやることはやらない

一、お付き合いは最小限

一、片付けすぎない

一、贅沢は味方だ

一、好きな古典を丸暗記

第七章

マジカルミステリーツアー

僕のスキマ

エクスプロラトリアム――ゴミ箱とおもちゃ箱が合体するラボ

一九八九年六月、僕は全米を巡回した「アゲインスト・ネイチャー」展に参加する作家の一人としてサンフランシスコに渡った。

幸いなことにその当時、僕が勤めていた松蔭中学校・高等学校は、かつて洋画家の小磯良平や田村孝之介といったアーティストが教員として教えていた歴史があり、美術教育に関しては例外的に寛大な学校だった。折しも受験競争激化の時代で美術大学への進学実績をあげていた僕には、先輩教師や非常勤講師のサポートもあって、アーティストとして海外展に参加することも積極的に応援された。もちろん担任も受け持っていたが、生徒も保護者も壮行会を開いて応援してくれたことを覚えている。

それまでにもいろいろチャンスはあったが、初めて海外の大規模な展覧会の一員になれたわけで、相当本人にも気負いがあったはずなのだが、いま振り返ってみてもろくに英語も喋れないのにいたって冷静、どこに行っても即現地人化する特殊な能力はこの時から十全に発揮されていた。おまけに態度がデカイこともこの時かららしい。作家はすべて国際交流基金が用意したラグジュアリーなホテルに滞在し、そこから美術館へ通って作品を設置することになっていたのに、僕だけわがままを言い、神戸で知り合った現代美術家のダニエル・ディピエロ君のサンフランシスコの自宅でホームステイを決め込んだ。

ところが想定内というのか想定外というのか、やはりアーティストが住んでいる地区が治安が良いわけがない。彼のアパートはまだしも一筋道を間違えば周囲からヤバそうな人間がどんどん寄ってくる。当時のグレイハウンド（長距離バス）のバス停の怖さといったら日本では経験したことのない世界だった。おまけにダニエルには鍵だけ渡されて「あとは好きにどうぞ。冷蔵庫はここにあるからね。じゃあバイバイ」という待遇。夜は隣室で何番目かの彼女とむつみあう声がまる聞こえ。冒険はするもん

1989年サンフランシスコ。ダニエル・ディピエロとドナテラのアパート

じゃないと思ってはみたが時すでに遅し。毎日通って作品を組み立てる日々でどこにも行かない缶詰状態ながらも、夕方五時には作業を終えて帰宅するので夜道を歩く危険だけは回避できた。

しかし、やはり寄り道はしてみるものである。彼が夜な夜なライブハウスに僕を連れ出し、なんだかんだ言っては仲間のアーティストや科学者を紹介してくれた。

そのライブハウスでベースを弾いていた数学者が勤めていた場所が、サイエンス・ラボ「エクスプロラトリアム」だった。この科学博物館は、原爆の父とされるロバート・オッペンハイマーの弟フランク（自らもマンハッタン計画に参加している）が贖罪のために私財を投じて創立した子供たちのためのラボだ。

以降、僕は折に触れて西海岸の文化が持つ多様性と創造性に感化されることになるのだが、その起点がこの場所で、僕の思考に重大な影響を与えることになる。しかし、アメリカ人のアート関係者は（キュレーターもアーティストも）この施設には冷淡な反応だった。だが、もともと科学好きだった僕のリアリティは圧倒的にエクスプロラトリアムに急接近してしまった。今となっては笑い話になってしまうが、人生初の海外展で、まして展覧会のタイトルまで僕が名付けた「アゲインスト・ネイチャー」だったにも関わらず、記憶も気持ちもすっかりオッペンハイマーに持って行かれてしまう旅となった。

垣間見えるイノベーションのプロセス

五章でも紹介したように、今でこそあちこちで簡素なシナベニアの合板をテーブルに、ソーホースと呼ばれる足を付けるスタイルが見受けられるが、当時の日本ではラフな空間をつくる習慣はどこにもなかったと思う。そこでは科学者たちとアーティストが同じ場所で机を並べて、物理や科学の原理を子供たちに伝える仕掛けをつくり、楽しげにミーティングしている。かと思うと、すぐ横のファクトリーで簡単かつ美しい装置を手作りしていたりする。巷間やかましくいわれるイノベーションの原型としてのラピッド・プロトタイピング環境が、巨大な旅客機格納庫さながらのラボいっぱ

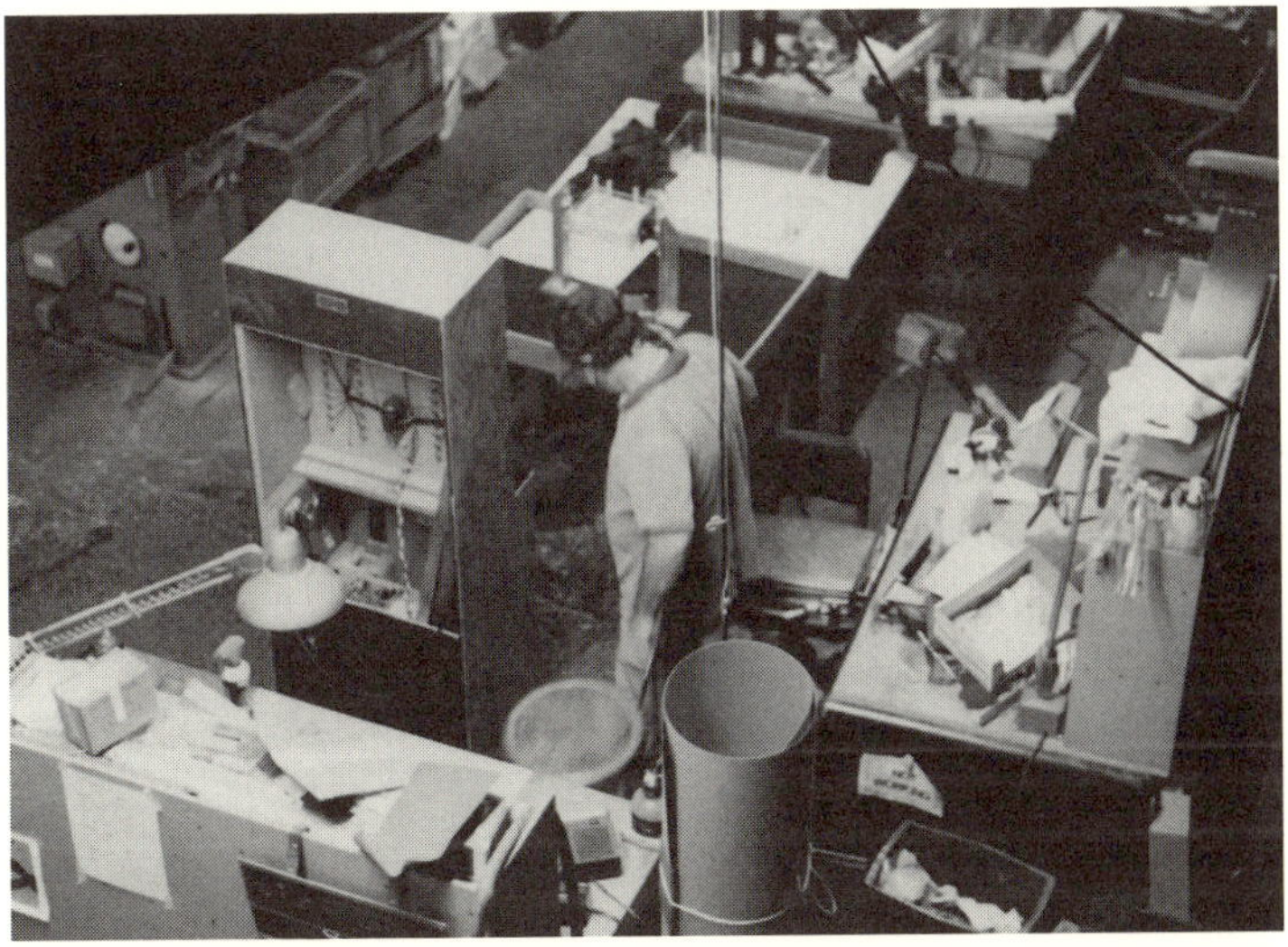

エクスプロラトリアムの工作室

いに広がっていたのである。

ホストのダニエルは大工の腕を活かして、科学者がオーダーする竜巻発生装置や、ホログラムのステージをせっせと作っていた。昨夜、ライブハウスでギターとボーカルを担当していた数学者のトニーは、その時はよれよれのベージュのジャケットにドクロのピンバッジを付けていたが、ここでは一応白衣を着てマジメな顔をして水槽の両生類に餌をやっている。煮詰まった色のコーヒーがガラスに張りついたままのドリッパー、飲み残しのミルク、バーガーキングの紙袋などがあちこちに散乱していたが、巨大でクールなキャスター付きのゴミ箱になんでもかんでも放り込めば、即リセットできた。

不思議な小屋のようなブースが立ち並ぶそのフロアには、何本も迷路のような通路があって、朝早くから幼稚園や小学校の児童が教師に引率されて賑やかに通っている。誰でも博士やアーティストに通路越しに質問できたし、彼らもたいして嫌がるふうでも積極的に答えるふうでもなく適当に子供をあしらっていた。大人たちが真剣におもちゃ箱のなかで暮しているような夢のような空間。まさに多民族のもたらす多様性とおおらかな西海岸の気風がサンフランシスコ全体に満ちていた。

というところで西海岸の話を終えたいと思っていたのだが、エクスプロラトリアムが日本でどのように紹介されたのかも蛇足ながら書いておこう。

当時日本はバブルの絶頂期、金にあかせておもしろそうなものならなんでもかんでも上っ面を引っぺがしてエンターテインメントとして輸入していた。もちろんこのエクスプロラトリアムも例外ではない。スーツ姿でアタッシュケースに札束を詰めてやって来る業者は、ゴミ箱とおもちゃ箱が合体しているからこそ磁場が生まれていることなど意に介せずにお定まりの行動に出る。とにかく異常なクオリティと法外な金で、ベニアで作った竜巻発生装置をゴージャスなマシーンに置き換えてしまったのである。

エクスプロラトリアムの真骨頂は、プロセスが垣間見えるラピッド・プロトタイピングであり、結果としての装置には何の価値もないことを彼らは理解しようともしなかった。正確無比に動いたり、ガラスとパネルの完璧なまでの接続ぶりを自画自賛していたのである。愚かにも「彼らは金がないからベニアで作っている」と笑っていたのだ。帰国して見に行った「エクスプロラトリアム展」はそのスピリッツが、美しくもゴージャスに破壊されていた。

すでにこの時、日本の企業は「ものづくりには強いが、見えないシステムには弱い」という弱点を晒していたのだ。今になって思えば、ニューヨークのビルを次々に買って有頂天になっている日本の影で、地下茎を張り巡らせていたアメリカのデジタル世界に取り残される兆候が現れていたといえなくもない。その後一九九一年にはＩＤＥＯが創設され、二〇〇五年のスタンフォード大ｄスクールの誕生へとイノベーションの波は拡がってゆく。

震災がもたらした空間の再定義——拓かれるサイバー空間

一九九五年一月十七日未明、僕は神戸の有馬温泉に建てたばかりの住居兼スタジオで強烈な突き上げと爆発音で目が覚める。夢のなかで妻の叫び声が聞こえてはいたが身体が動かない。夢とも現実ともわからないなか、轟音とともに食器棚が足を持ったかのようにゆらゆら前進してうつ伏せになる。ガッシャンガッシャンとものすごい音のなかを這い出して、隣室で寝ていた妻と子供のところに這って行ったが、不気味な地鳴りが絶えず襲い、空には閃光が走っていた。とにかく何が起こったのかわからず、温泉街でプロパンガスが爆発したのだろうか、まさかミサイルが飛んできたのかもしれないなど妄想ばかりが頭をめぐる。

幸いなことに妻と子供たちは、こたつに半分足を入れて寝ていたために、倒れてきた箪笥の下敷きにならずに事なきを得た。今となっては笑い話になるが、家族の無事を確認した後、立て続けに襲う地鳴りと余震のなか、間髪を入れず懐中電灯も持たずに階下に駆け降り、買ったばかりのＭａｃのクアドラちゃんが無事か見に行った。作りつけの大きな本棚は吹き飛び、もうもうとほこりが舞うなか、パソコンラックに乗っていたクアドラちゃんはキャスターがあったために転倒せずスケーターのように誇らしげに佇んでいた。

すっかり寝ぼけていたくせにあまりに迅速なその行動は、それまで僕がかすかに家庭内で保っていた地位をゴミ箱のなかに放り込む三ポイントシュートとなった。「家族を顧みずパソコンの無事を確認に行ったパソコンオタク」の称号はその後十年は輝く勲章となり、同時に僕の重たい十字架ともなったのだった。僕はすんでのところで踏みとどまったものの、この震災をきっかけに男子たるものの職責が果たせぬという理由で解雇されたお父さんや恋人が若干名はいたに違いない。

夜が白々と明け始めた。もちろん電気は通じず水も出ない。倒れた箪笥を避けながら、ガラスまみれの部屋をスリッパを履いて猛烈な余震のなか進む。もちろん冷蔵庫も倒れているし、テレビはうつ伏せに床に転がっていた。今ならスマホもあるしTwitterで情報集収などという行動も取ったはずだが、不覚にもラジオも見当たらない。とりあえず三〇センチ上の壁にジャンプした痕跡をしっかり刻印しながらもブラウン管を割らずに頑張ったテレビにわずかな期待をし、ゆっくりと床に起こす。恐る恐る外を見るが向かいの家も裏の山も何事もなかったかのように佇んでいる。

明るくなって近隣の住人と被害確認をするが、誰も要領を得ない。我が家のなかだけとんでもないことになっていたのに向かいの家では箪笥など倒れてもいない。後になってわかったのだが、断層の動きや土壌によって道一つはさむだけで被害の状況が劇的に異なっていた。直下型地震はそういう破壊のパターンを示す。そうこうするうちに昼近くになって通電が開始された。テレビが映ったのだ。そこに流れてきた映像によって僕たちは初めてこの揺れが、阪神間にとんでもなく破滅的な状況を生み出していることを知る。ヘリコプターから送られてくる映像には、阪神高速道路の高架が延々と倒壊している姿があった。ジャーナリストの故筑紫哲也氏が燃え上がる神戸の街を称して「温泉場のようだ」とリポートして顰《ひん》蹙《しゅく》を買った有名なエピソードは、この状況下で発生した。こうして特撮を見ているようなその映像から、すさまじい現実に放り込まれた。我々の長い長い数か月の苦闘が始まったのである。

当時僕が勤めていた学校（松蔭中学校・高等学校）は山手の岩盤のしっかりした土地にあった。幸いなことに校舎にはたいした被害はなく、近隣に住んでいた教員が集まって復興に当たったのだが、六甲山の裏に住んでいた僕は山を歩いて越える他なく、往復だけで一日を費やすので自宅待機。何かをしなくてはという気持ちはあるが刻々と伝わる被害状況に息を呑みながら、少しずつ家財の整理を始める他はなかった。震災直後は、六甲山の裏にある住宅街ではスーパーも何事もなかったかのように営業しており、食料も普通に置いてあった。交通網が破壊されていて物資の調達が滞ることなど考えもしていなかったのだろう。買い占め騒ぎも起こらなかったのが今となっては不思議である。

とにかく誰もこんな未曾有の災害が起こることなど予想だにしなかったし、起こった後も家屋の倒壊や火災などに直面しない限り、とっさの行動を取れずに二、三日は呆然としていたというのが真相なのだ。こうして山の裏ではあっという間に一週間が過ぎてしまう。自宅待機命令が出てはいたが、カワサキのKLR250というモトクロス車で通勤していたこともあり、迂回路をあちこちたどりながら校舎のある灘まで行った。

高校の外見は何事もなかったが、あちこちで木造家屋が倒壊し、阪神電車の線路はラーメンのように車体と縺《もつ》れ合っていた。よく足を運んでいた東急ハンズの辺りは特に被害が甚大でビルが折り重なるように道を塞いでいたが、パンクが恐ろしくて遠巻きに見ている他なかった。高校に戻ってもマスクをしたままの校長が机や書類が散乱した隙間で呆然とテレビを見ているだけだった。

ヤサグレ教師の復興計画

震災当初は行政機関や学校など我々を含めた管理主体が統治能力を喪失し、住民やヤクザなど現場の当事者だけが瓦礫を押しのけ人々を救い出していたのだ。校長も知事も市長も呆然自失し、自衛隊も命令がないと動けないと数日は何もしなかった。急速にボランティアの人々が集まるなかで、ほんとうに情けないほど僕も学校も行政も成すべきことができていなかったのだと思う。恐らくこの初期の復興物語だけで本一冊になるのだが、今回は空間のあり様が人間の創造性に深く関わっていることを再考することがテーマなので、その話に移動したい。

ようやく状況が落ち着き始めると、高校で教員組織に馴染めないヤサグレの教師たちが美術教官室にたむろし出した。校長や教頭といった指揮系統から何も指示がない以上何もしなくてもよいのだが、「組合が気持ち悪い」と逆らっていたような音楽教師のMやS、英語教師で小説家のHなど数名が、箱入りの即席麺（たぶんどん兵衛）をかき集めては、頼まれもしない高校の復興計画を練り始めたのだ。

とにかく組織で平時は役立たずの人間と思われている連中は、このような危機的状況が起こると創造性を爆発させる。僕の発案でベニヤ板を数枚合わせた巨大なパネルを作り、地図を作ることになった。模造紙に神戸全域の地図を描き、全生徒の居住地にマークを入れ、その上に透明のフィルムをレイヤーにして刻々と復旧する交通網のロジスティックスを書き入れるようにした。教員全員が現状を共有できるように、それを立て看板のように職員室の中央に置いたのだ。問題を視覚化することで一気に教員の間でリアリティが生まれるらしく、若い教員も次々にカブにまたがって安否確認に飛び出していった。

初期の困難な状況がクリアされれば、どこにでも平時の官僚システムが無事（？）に復活する。そこで僕は全体の復興を管理職に任せることにした。当時窓際教師にとって最高のポジションの図書館長という職を兼務していたので、生徒たちの登校再開に備えて、本とヒトの幸せな関係を考えるところから、倒壊した書架の再建に取りかかることにした。

心を癒す図書館という知の森

本は情報の森だ。どうすれば生徒たちが膨大な人類の知性の一端に触れることができるのだろう。一元的に管理された書架ではなく、情報の重さによって直感的に内容が理解できる方法はないのだろうか。それを模索しながら、まずは平置きの書架を仲間と自作するところから始めた。本は寝そべって読んでも、立ちながら読んでもいい。二宮尊徳も薪を背負って、〝ながら読書〟しているくらいだから、机に座って読むことを強制される必要なんて全くナンセンスだと考えた。

僕は図書館を庭園に見立ててみた。池泉回遊式庭園をイメージしていただきたい。奥まった書架にはギリシャ・ローマの歴史や四書五経のような古典を、ソファに座って見る平置きの書架には絵本や新刊本を並べた。そして一点豪華主義といえなくもないが、『ヴォーグ

（VOGUE）』はパリから『エル（ELLE）』はミラノから空輸で取り寄せ、ニューヨークからビジュアル雑誌『アパチュア（aperture）』を入れるなど高校としては大胆な選書を行った。美術書は直接本屋に買いつけに行き、結構尖った美術・ファッション・デザインの書籍を加え、詩人の安水稔和館長から引き継いだ七万冊を有する図書館に新しいインターフェースを書き加えたのだ。

　このような空間が震災を契機に図書館に生まれたことによって、放課後入り浸って『アパチュア』やコンテンポラリーアートの書籍を見つめていた生徒たちのなかからアーティストの澤田知子たちが育っていった。

仲間と自作した平置きの書架。2015年現在も使われている

　そして、空間といえば震災の直前からインターネットの萌芽が我々を包んでいた。震災の半年前くらいから同僚の英語教師HとプロバイダーのASAHIネット」のメンバーとなり、電子メールのやりとりを始めた。当時はまだデモ版だったウェブブラウザのＭｏｓａｉｃを使ってウェブサイトを立ち上げるところまでやっていた。生まれて初めて送ったメールがどこかに飛んで行った時、宇宙の深淵を垣間見たような気分になって、鳥肌が立ったことを今でも思い出す。そして震災の直後に英語教師のHの活発な投稿を、とあるウェブサイト設立に携わっていた理系の人々が見て、次々に震災の情報を拡散してくれるようになる。こうやって誘われて入ったメーリングリストが「from-kobe」だった。このメーリングリストでのメールのやりとりを通して、震災時に必要な人材、物資の情報がやりとりされた。

　物理学者の水野義之先生、数学者の浪川幸彦先生、ＮＴＴ研究所の石山文彦さんをはじめ多くのネット草創期の科学者や数学者の方々が、ずぶの素人のトンチキな質問に実に懇切ていねいに答えてくれたうえに、我々を巻き込んで数学や物理の専門的な議論の観客席に招待してくれた。

　意外なことなのだが、毎日悲惨な暮らしをしている我々にとって、宇宙の話や素粒子の話がとんでもなく癒やしになっていたことを思い出す。悲惨な状況にあっても創造的に考える時間があったこと、そして当時はまだ一般化していなかったインターネットのなかで通常では絶対に起こり得ない人的交流が始まっていたことは特筆に値するだろう。六千四百三十四人の尊い犠牲のもと、現実の空間を軋ませながらサイバー空間が押し拓かれ、僕の内部で空間のあり様が再定義されたのがこの年だったのかもしれない。

サードミレニュム国際会議――知のコロッセウム

一九九六年七月コペンハーゲンで開催された科学者とアーティストが集まって二一世紀に予測される諸問題をテーマに討論するサードミレニュム国際会議にアジア人アーティストとして初めて招待された。おそらく一九九五年に北欧とコペンハーゲンを巡回した「ジャパン・トゥデイ」展に参加していたことがノミネートのきっかけになったのだろう。デンマーク人の科学ジャーナリスト、トール・ノーレットランダーシュ氏から直々の招きで大胆にも英語のみの国際会議に参加することになる。

さあ困った。中学生のとき以来英語を拒否し続けてきた人間が、突然科学者が集まる会議で英語で議論しなければならなくなったのだ。大学院（当時は専攻科）時代に留学しに来ていたアメリカ人の学生フィリップ・ベルと仲良くなってなんとなく英語でも空気は読めるようになり、その後サンフランシスコのホームステイでダニエルとも適当にわかったつもりになっていた。そんな〝ナンチャッテイングリッシュ〟が通用するはずもないのはわかってはいたが、なにせ科学好きだ。Ｊａｖａの開発者や理論物理学の殿堂ニールス・ボーア研究所のニールセン博士と同じ部屋にいれるなんて夢のような話を断るわけにはゆかない。生来の天才的な楽天ぶりを発揮して、当時発売間もないカシオのQV10という人類初（ここが重要だ）のデジカメを買い込んで意気揚々とコペンハーゲンに乗り込んだ。

こんな若造が人類の未来に何か提言しなければならない、市民に発表しなければならないなどというタスクは最初から放り出すことにして、ひたすら学ばせてもらえばいいんだと開き直ってはいた。とはいえ頭真っ白の不測の事態に備え、震災で仲良くなった科学者の人たちの知恵（当時はウィキペディアなどはない）を借りるべく、電話回線を使ったインターネットのダイヤルアップ接続というセーフティネットは用意した。

いまこの文章を読まれている若い人たちの多くは信じがたい話だと思うだろうが、六四から一二八キロ毎秒という超低速回線なので、万が一を考えてデータ通信ができる音響カプラも用意。「ピーヒョロロロロ……」という接続音を認識させ、なんとか繋がると「ザーザー」という音が鳴るのがダイヤルアップ接続の特徴で、まだインターネットの世界は圧倒的なローテク時代のなかにあった。阪神・淡路大震災をきっかけに知り合った物理学者の水野義之先生やNTT研究所の石山文彦さんと毎日電子メールでやりとりしながら、入江の奥にある島のホテルから、潜水艦のドックを改修して造ったコンテンポラリーなレストランの二階にあるラボへ通って討議する毎日が始まった。

滞在したホテルは入江の奥にあった

潜水艦のドックを改修したレストラン。2 階がラボ

「沈黙は死」の知の現場

さて、僕がこの会議で学んだことは「沈黙は死」という知のコロッセウムの在り方だった。欧米の知性とは何か正体が見えた気がしたのだ。とにもかくにも目覚めているときは食事をしていてもコーヒーを飲んでいても延々と語り合うことで関係が成り立っていることを知る。日本にいれば「沈黙は金」だが、知の現場において沈黙は意志を持たない不気味な何かでしかなかった。英語に堪能であれば、なんなくこんな現場はクリアできると思っていたが、何日も朝から晩まで缶詰にされて発表と議論が繰り返される環境は、実は言葉に不自由のない欧米の科学者たちにも相当過酷なス

ニールセン博士が僕のドローイングを見て書いてくれた数式

テージであることが徐々にあらわになってくる。

立ち歩きしながらブレックファーストを取りつつ窓辺で話し込む人、ブース（一人ずつネットに繋がったPCブースをもらえた）でコーヒーとサンドイッチを片手に議論する人、センターにある巨大テーブルに山盛りになったフルーツを噛《かじ》りながら昨日の成果を語り合う人、朝早くからあちこちでスモールトークが始まる。正式なミーティングよりもこのスモールトークに創発の威力が隠されているとの直観はその時にやって来た。

そして当時ヨーロッパのフード業界を引っ張っていたと思われるレストランでランチもディナーも死ぬほど食べさせられた。もちろんワインはケースに山積み。誰のグラスも常になみなみと赤い液体が満たされていた。ローマ時代さながらの蕩尽と絶え間ない会話が延々と続く。少しでも食事を残すと弱ってきたなと思われるのが嫌で平然とした顔をして肉食に耐え続けた。この間も翌日の議論の準備で就寝は明け方の四時になるということもしばしば、一週間も経つと脳まで胃になったのかと思うほど気分がおかしくなっていた。

コロッセオという意味が身体の芯から体感できたこの頃になると周囲の仲間に異変が起こるようになってきた。なんとヨーロッパの知性たちが僕に弱音を吐くのである。「食欲がない」「風邪気味だ」「夜寝られない」「君は若いからいいね」と。彼らも疲れるんだ。同じ人間なんだ！　あまりにも当たり前な事実なのだが、コミュニケーションストレスは語学の問題ではなく量子力学的（比喩がおかしいが）レベルの問題であると理解できたことは大きな収穫だった。

さて、この会議が行われた空間のことに触れてみよう。特筆すべきはまずこの施設が第二次大戦では潜水艦のドックとして使用されていた産業遺産であるということだ。日本がバブルに沸いていた頃、ヨーロッパ各都市では着々と近代産業遺産を文化施設やレストランに転用する動きが始まっていたことは記憶しておいていい。なかでも日本から視察の絶えないドイツのエッセンにあるツォルフェアアイン炭鉱業遺産群の事例は有名だ。エクスプロラトリアムのところでも触れたが、山のように視察に行った挙句に我が国は大手業者が、

素晴らしい仲間と記念撮影。フロアの床はペンキで青く塗られている

よってたかって遺産を奇妙なテーマパークに変容させる愚をいまだに繰り返している。

そのレストランでは、ドックを見下ろす溶融亜鉛メッキのグレーチングの広いキャットウォークを若くてハンサムなウェイターが金属音の足音をたてながら、大胆かつ細心に注意をして忙しく動きまわる。ワインでもこぼそうものなら階下の我々に赤いシャワーが降り注ぐであろうなどという心配は無用なほど彼らは完璧なパフォーマンスを披露していた。

残念ながら神戸で高校の美術教師として学校と田舎のアトリエとの往復に明け暮れていた僕にとって、帆船が林立するベイエリアのサブマリンドックレストランは衝撃以外の何物でもなかった。口に合う、合わないのレベルを超えたスピリッツがそのレストランにはあり、近年世界最高と称されるコペンハーゲンのレストラン、ノーマ（ｎｏｍａ）へ繋がる予感が随所に満ちていたのである。

さあ、こんなレストランの上階に世界最高の知性を集めようというのだから、さぞや立派な会議室かと思いきや、二階には大きなフロアがふたつあって青く塗られた床には、ベニアで作ったテーブルやシンプルなチェアがあるだけだった。雑なペンキの塗り方や揃わない床板がなんとも魅力的であり、まさにエクスプロラトリアムのラボと同じ空気を醸し出していた。その空間に、モノリスのように床から天井まで届く凹面の巨大な黒板が我々を呑み込むようにそびえ立っていた（このアイデアは二〇〇五年に京都造形芸術大学で宮島達男氏が提唱して始まった「世界アーティストサミット」の空間構成に引用されることになる)。

いまではすっかりホワイトボードに替わってしまったが、当時はまだ黒板が創造の受け皿として君臨していたのだ。身体が包まれるような思考空間があるのは実に刺激的だ。アイデアが前頭葉だけではなく脳全体、いや指先とか腕や足先からも出ていいのだと誰かがささやいているのを感じた。

こうして二週間に及ぶ会議はエンディングを迎える。我々はお互いの健康を気遣いながらコペンハーゲンに集結した大型帆船を眺め、外洋ヨットレースの開幕を告げる花火に見とれていた。そしてこの会議で意気投合したフランス人の女性数学者とアメリカのコンピュータサイエンティストの男性が手を取り合って、階段を降りてゆくシルエットを全員でお祝いの拍手で見送ったことも最後に付け加えておこう。

クラフトワーク――オルタナティブスクールの胎動

一九九六年の四月、大阪の中津で映像プロデューサーの畑祥雄氏がゼネラルマネージャーに、美術史家の伊藤俊治氏や写真家の港千尋氏が発起人となって、当時カッティングエッジな仕事をしていた人々が集まってＩＭＩというオルタナティブスクールが立ち上がった。僕は『Ｕｒ』や『夜想』という尖った雑誌を主宰していた今野裕一氏に誘われて参加。今では大学院大学やオルタナティブな教育機関は山のように存在するが、当時はこのような大学の垣根を超えた取り組みは珍しかったと思う。

僕は当時高校の美術教師をしていたが、一九九三年にヴェネチア・ビエンナーレのアペルト部門に参加。その後もサンディエゴ美術館の個展や国際展への招待が続いていたこともあり、週末のみ開講される講座で現代美術部門を教えることになる。主力部隊は多摩美術大学にいた伊藤俊治先生を中心とした主に東京のメンバーだった。梅田が徒歩圏内という立地の中津のビルに宿舎が併設されていたこともあり、僕も学生たちと夜な夜な飲み明かすことも多かった。

特に大学という制度に限界を感じていた指導者たちは、この梁山泊《りょうざんぱく》のようなアジールに新しい可能性を感じていたことは疑いようがない事実だった。写真家の畠山直哉氏と港千尋氏の講座は熱気を帯びていたし、当時はまだ珍しかったプログラム言語やサウンドの講座を指揮した「昭和40年会」の有馬純寿氏と小野サトル氏、デザインでは奥村昭夫氏、サブカルチャーの伝道師、野々村文宏氏、アートマネージメントの岩渕潤子氏の講座は特に人気が高かった。集まった学生たちも広島大学や大阪大学など、芸大以外からも数多くのユニークな人材が集まって、やっと日本にも西海岸のクリエティブな環境が生まれそうだなとワクワクしたことを覚えている。

しかし、この運動体は初期から出資予定の大学や専門学校の経営問題などが影を落としていた。経営的な困難をずっと抱えたままジプシーのように家賃助成の付帯した施設を繰り返し探すことになる。

まずは、一九九八年に大阪南港のWTC（大阪のお荷物といわれて久しい）に移転。そこで出会った学生のF君が僕の横浜トリエンナーレのCGを、W君が風洞《ふうどう》実験の模型を制作してくれたことは室井尚氏の著作『巨大バッタの奇蹟』(アートン）に詳しく紹介されている。その後二〇〇一年には、大阪の万博公園にまたもや移転する。そこは太陽の塔に隣接し、レトロでマニアにはたまらないロケーションだった。しかし広範な学生を集めるという意味では、都市全体の活力が時代から遠ざかる場だった。また、大阪中心部からのアクセスが悪く、同時期に創設されたＩＡＭＡＳ（情報科学芸術大学院大学）を筆頭に競合相手が数多く出現したこと、また各大学が大学院の強化に努めたことなどによって、徐々に初期の勢いを失っていった（そして二〇〇九年に形を変えて神戸の逆瀬川に移転）。

治外法権のマイクロ工房の実験

この万博公園時代のＩＭＩで二〇〇三年に小さな事務室を改装して産声をあげたのがクラフトワーク（電子工作もアリということでドイツのテクノ音楽グループ Kraftwerk の名前を付けた）というジャンクなラボである。いまから思えば不思議なことなのだが、ラピッドプロトタイピングのできる二四時間オープンのミニ・ファクトリーやラボが絶対必要だとどこで話をしても、経営サイドの人間は誰もが首を傾げるだけ。高価なパソコンが並ぶＰＣルームにはすぐに資金が提供されたが、木工や樹脂作業のできる工房はすでに時代遅れのような扱いを受けていた。一九八九年に西海岸でエクスプロラトリアムを体験して以来、ファクトリーのユビキタス化が日本の創造性を高めるとずっと言い続けていたのだが、やっと二〇〇三年になって治外法権のマイクロ工房をスタートさせることができたのだった。

当たり前の話とはいえ、このクラフトワークには何の機材もなかった。仕方ないので我が家に転がっている古くなった電動工具を持ち込み、棚やソファは大型ゴミの日に学生たちが千里の住宅街をうろうろしながらかき集めたのだ。

僕はこうやって治外法権の部屋さえつくれば、エクスプロラトリアムのようになるのだと甘く考えていた。それがとんでもない勘違いであることがすぐに判明する。とにかく汚いのである。誰も片付けをしないのだ。ラーメンの鉢にカビが浮くなどは朝飯前。みんなスプリングの飛び出したソファの上に腐った座布団を敷いて、そこで平然と寝泊まりし始めた。結果的に粗大ごみの収集場所が引っ越しをしたというだけの話だったのだ。

なるほどこの国で管理者の連中が口うるさく片付けろと言う理由がよくよく解った。創造力はゴミ箱と同義語だったのだ。いまさらのように開いた口が塞がらなかった。だが、しばらくするとこのゴミ箱に、将来金蠅となって活躍する連中がたむろし始める。

その一人が京都精華大学にいた原田祐馬君（アーティストのヤノベケンジ氏が近くに住んでいることを突きとめて彼を講師として呼んでほしいと僕に言ったのも彼だった）、そしてパナソニックのモンスター技術者のN氏や、関西学院大学理工学部を出たS君。

いまは大阪・中之島に移転してしまった国立国際美術館も、当時は万博公園にあった。そこで個展をするヤノベ氏と、このクラフトワークの誕生がシンクロする。大阪万国博覧会の跡地が遊び場だったヤノベ氏と、その原体験を強固なものにする装置としての万博公園。そしてそのオマージュに感化された若い世代が強烈にシンクロし、新しい時代が動き始めたのがこの年だった。二〇一五年の現時点でもヤノベ氏の影になり日向になり支えている主要メンバーが、この汚い部屋に寝泊まりしていた連中であり、クラフトワークの物語は、その後場所を得て京都造形芸術大学ウルトラファクトリーとなって驚異的なインフレーションを起こすのである。

MITメディアラボ――ゴミ箱を空にしてはいけない

二〇〇六年の何月だったか記憶が乏しいのだが、京都造形芸術大学のエレベーターで「世界アーティストサミット（現代美術家の宮島達男が議長となり、世界的アーティストが地球規模の問題を議論するシンポジウム）」のコーディネーターをしていた杉浦幸子さんが、一緒に乗っていた女性を紹介してくれた。その女性が、当時MITメディアラボのアーティスト・イン・レジデンスと教育プログラムのディレクターを務めていたミシェル大島さんだった。

ミシェルさんとは、その時、ほんの数秒会話しただけだったのに、その後のメールのやりとりを通じて二〇〇六年十月から十日間アーティスト・イン・レジデンスに参加することになった。

いつも不思議に思うのだが、数多くの出会いがあるなかで、実際に動くプロジェクトの多くは瞬間の出会いから始まることが多い。最初にどんな素晴らしい話があっても、初速の遅いプロジェクトはほぼ形になることはなく、もし動いたとしても結果として感動の薄いものにならざるを得ない。学生たちには常日頃から「人生は出会い頭だからね、いつも準備しておくように」とは伝えているが、傍で見ているとせっかく衝突しているのに、それがわからなくて通り過ぎてしまうというケースの多さに驚く。生きるために最も必要な「良い狡さ」を育つ段階で剥奪されてただの「良い子」になってしまっていては、痛みや苦しみから育つ生命力のないまま幽霊化してしまう。というわけで、チャンスには獰猛《どうもう》な僕はこの千載一遇の機会をものにする。

僕はIMIの講師をしていた関係で、一九九七年ごろから学生や教員同士のコラボでテクノロジーアートの作品を多く作っていた。二〇〇一年の一月、ちょうど横浜トリエンナーレの作品を構想中の段階だったが、山口県立萩美術館・浦上記念館の茶室を使い、「緑色的平凡」という不思議な展覧会を開催する。それはテクノロジーを使って江戸時代前期の狩野探幽の弟子、久隅守景の代表作「夕顔棚納涼図屏風」を解題し、その世界観を現代に再現するというものだった。茶室の外に円筒形の温室を作り、そこで培養液で栽培しておいた瓢箪を育てて元旦に茶会を開いたのだ。瓢箪の管理はブラウザを使って遠隔地から散水を可能にし、近未来の夕顔棚納涼図をそこに実現させた。そして茶室の掛け軸は、夕顔棚納涼図に描かれている主人が着ていた「ててら」という襦袢《じゅばん》を友人（安土桃山時代の絵師、海北友松の作品の修復を手掛けていた）にデジタル処理で削除してもらうように依頼。茶室とテラスを使って、サイバーの茶の湯を楽しむ作品を創出した。

また、瓢箪の栽培をコントロールするために遠隔操作のロボットシステム、ロボ・キューブを使用した。コラボレーションをお願いしたのが、それを開発した、神戸にあるシステムワット社だった。

ＭＩＴのレジデンスに提案したのは、このロボ・キューブの技術を応用したニューロ・キューブを使ったワークショップだ。ニューロ・キューブは当時千里にあったＩＭＩの関連会社、彩都メディア・ラボとシステムワット社による共同開発だった。僕は当時二足歩行のエンターテインメント・ロボばかりに興味が傾いていた日本のブームに心底落胆していた。日本の教育現場には、認知＋判断＋行動の基礎を学ぶツールが絶対に必要だと考えていた。教育版としては一九九八年にリリースされたレゴのマインドストームがあったが、なんとか国産

MIT のミュージアム付属の作業室。卒業生がスタッフとして勤務

で、との想いからシステムワット社によりこれが発売されることになった。しかし、どう逆立ちしても手作り少量生産では開発のコストがかかりすぎるので、補助金で大学や高等教育機関に買ってもらう他なく、限定百セットの販売も思うに任せない状況に苦労する。

そんな状況もあり、ＭＩＴのレジデンスでは、手回し発電で起動させる百ドルパソコン（実に天文学的な助成金を集めて開発している）のリサーチを中心に、アフリカで古い自転車を改造して脱穀機を作るプロジェクトなど、化石燃料と原子力発電に頼らない世界創造に関わる研究者やアーティストを中心にリサーチするプランを立てた。いまシェールガス発見に沸くアメリカだが、それもいずれ枯渇することは明白で、オイルピークセオリーやポストヌークレアエナジー社会をテーマに講演をした。若い世代には共感を持つ学生もいたが、多くは「君は心配性だね」という反応。思わず「杞憂」という中国の故事のことを思い出して苦笑することも多かった。

二〇〇六年十月二十八日の朝、ボストン空港に降り立った。今回のチームは僕とＩＭＩの学生だったプログラマーの勝田哲司君。彼がニューロ・キューブを使ったワークショップ案を複数用意してくれたので、僕はリサーチに集中して動画収録を中心に帰国後文字起こしする予定にした。本来は一か月滞在の予定だったが、大学の講義の都合もあり、あまり長期間いるわけにもいかなかった。結局二週間弱の滞在となったのだが、朝食や夕食時も常に誰かに会ってトーク、合計七〇本弱のブレストやワークショップで埋め尽くされるという殺人的なスケジュールが組まれていた。

　朝から夜中まで猛烈な勢いでミシェルに急きたてられて目まぐるしく移動。短いものでは三〇分のミーティング、なんとかビデオを回して質問をしたのはいいが、おかげで写真を撮ることも忘れてしまうような慌ただしさだった。帰国後もストレス性蕁麻疹《じんましん》のかゆみに耐えかねてほとんど誰に会ったのか覚えていないという結末になってしまった。

　あこがれのメディアラボ自体は、世界中から見学者が後を絶たないこともあって、よくできたショーケースのようなよそ行きの佇まいをしていた。一九八九年のエクス

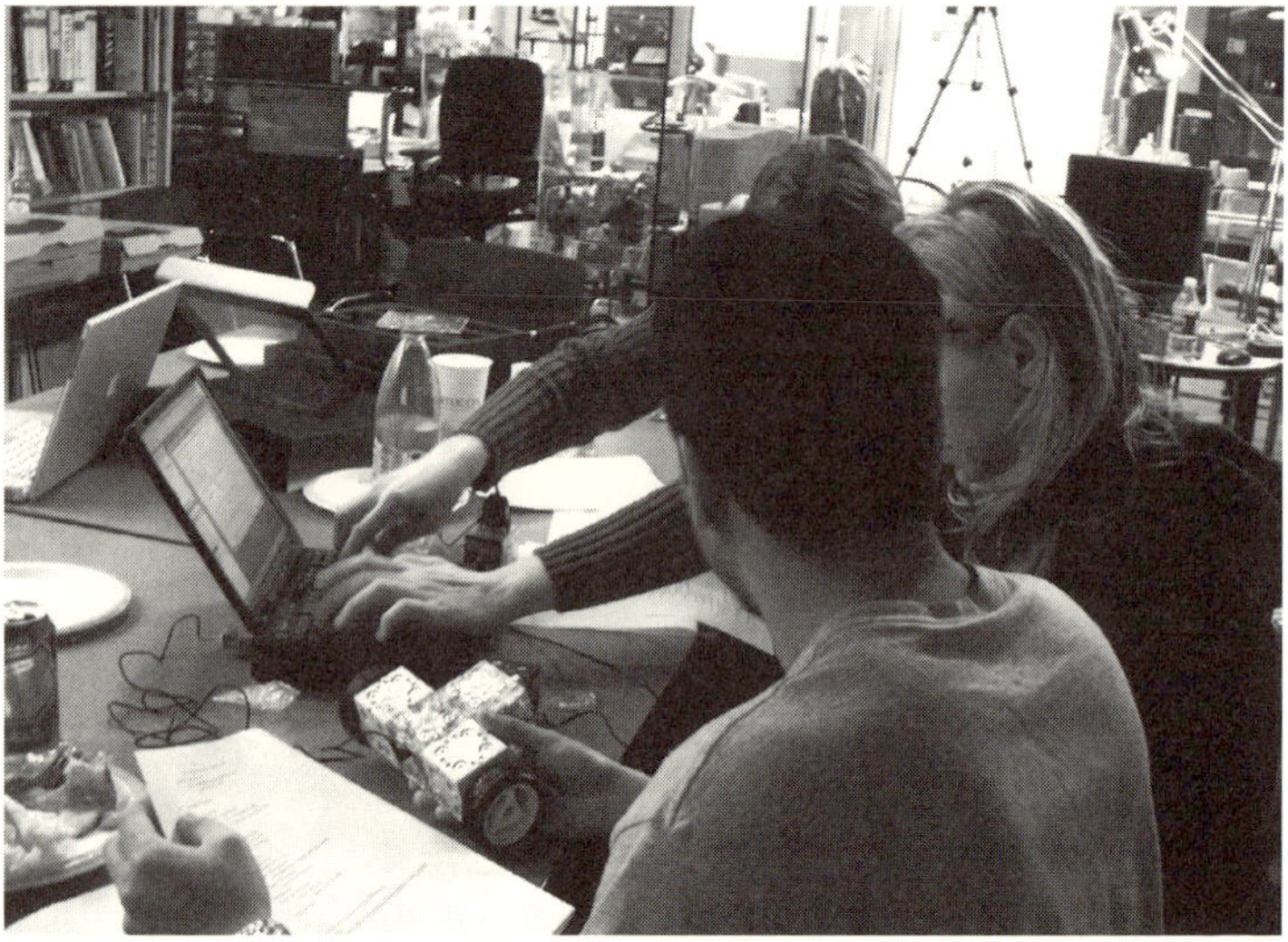

真夜中のニューロ・キューブワークショップに参加したMITの学生たち

プロラトリアムの衝撃があったので、期待ばかりが膨らんでしまっていたのも原因だが、研究もすでにこの国ではエンターテインメントになっているのかと思って、やや白け気分が募るスタートとなった。ここでは、科学がアートと融合してハリウッドかと見まごうビジュアルプレゼンテーションが通常のこと。次々に日本企業から研究資金を集めているという事実を目の前に、総論としては、この手法の延長でしか世界は動かないのだということを受け入れた瞬間でもあった。

MITの周囲を廻る無数の人工衛星

とりあえずリサーチで印象に残った対照

MIT メディアラボの中枢部。都市交通システムの実験を行っていた

的な二人（現在も活躍中）のサイエンティストの活動を紹介したい。一人目はソーシャル・イノベーションの雄、D-LAB（国際開発や現地で役立つ技術を学ぶ）の創設者でもあるエイミー・スミス博士である。二〇〇七年にニューヨークのクーパー・ヒューイット国立デザイン博物館で開催されることになる「Design for the other 90%」展[*1]〔デザインの展示〕の方向性をいち早く実行していたのが、このラボなのだ。とにかく全てのリサーチの前に君が会っておかねばならないのは彼女だよと言われていたので大変楽しみだった。彼女の取り組みは、ウガンダを中心に自転車を改造して製粉機を作るというもの。大きな資金を動かさなくてもできることからやろうというスピリッツで輝いていた。

僕は急激にグローバル化する世界が生み出す巨大な歪《ひずみ》をテーマに、二〇〇三年の「国連少年」展以降も、バングラデシュやパレスチナで滞在制作を行ってきた。また、二〇一三年に僕がエリアディレクターとして取り組んだ瀬戸内国際芸術祭2013小豆島・醤の郷＋坂手港プロジェクトのなかで、ソーシャル・イノベーションに取り組む若手のデザイナーズ・イン・レジデンスを中心に入れたのも、このD-LABリサーチの経験とそこで得た未来への確信が大きかったと思う。

この原稿を書いている二〇一四年の師走、戦略以外に何のビジョンもない解散選挙の莫大な浪費資金に群がる拡声器から聞こえる「地方再生」を叫ぶ声。果たして日本の政治家で一度くらいD-LABへ足を運んだ人物がいたのだろうか……。少し先が見える人間であれば、これがウガンダの問題ではなく、日本の明日の問題であることぐらい理解できるはずなのだが……。

さて次はトンデモ博士に違いないとインタビューのあとで顔を見合わせたのだが、現在はハーバード大学に移って活躍中のダニエル・ノセラ博士である。

「人類がオイルピークを迎え、危険な原子力発電に頼らざるを得ないが、あなたはエネルギー問題をどのように考えているのですか?」と質問したのだが、悲観的な僕を尻目に、彼は満面の笑みと不敵な笑いを浮かべて「日本人は大好きだ、いつもたくさん研究資金を運んできてくれる」と冗談とも本気ともつかぬ顔で答えてくれた。そして「僕はいつもテレビの取材や雑誌に取り上げられているんだよ」と言いながら、なんとピカピカの靴の片足をソファに上げて考える人のような撮影用のポーズをキメてくれた。

その後も黒板に水素エネルギーが無限であり、あと少しすれば人類は永遠のエネルギーを手に入れて繁栄するのだと、実にていねいに解説してくれた。それはTEDを見ているような説得力があったことはもちろんだが、博士が僕たちの数メートル先で個人授業をしてくれたのだから、内容そっちのけでドラキュラ博士そっくりのダニエル氏の講義にすっかり参ってしまった。研究室を出てしばらくは催眠術にかかったかのようにウットリと彼の残像に酔い、横からミシェルにつねられるまでその夢から覚めることができなかった。

こうして、数日が過ぎて研究者やアーティストと仲良くなると、ミシェルはリサーチの合間にＭＩＴの卒業生たちがシェアして住んでいる街外れの使われなくなった自動車修理工場や空きビルに連れて行ってくれるようになった。

そこで見たのはオルタナティブなインキュベーション空間。単管パイプと2×6《ツーバイシックス》の板で無造作にロフトを作り、ＭＩＴのファクトリーから払い下げられたマシンを思い思いに動くように改造し、ジャンクパーツをかき集めている。そこは『バック・トゥ・ザ・フューチャー』のデロリアンでも造れそうな怪しいファクトリーに改造されていた。

このように大学を出てもＭＩＴの周囲を廻る無数の人工衛星のような彼らが、気ままにプロジェクトを立ち上げていることを知る。もちろん僕のアテンドをしてくれたミスター・ゾズもその一人。詳細にメディアラボ付属の工房を案内しながら、マシンの操作方法を教えてくれたり、自らの〝彫刻作品〟も熱心に見せてくれたのだが、明らかにアートとして見ればクオリティは低い。しかし、無数のマニアックなアートにもメカトロニクスにも分類不能なブツを生産する若者が世界から集まり、大学院を出てもたいして役に立ちそうもないことをやり続けている。その彼らが生きてゆける環境がここにあるということに真のＭＩＴの力を見た。と同時に、学部生のうちから「就活！　就活！」と縛りつけられる日本の余裕のなさに落胆を禁じ得なかった。子供の遊びを延々と続けるポストドクターたちを、長い間ポストンの街外れで養える懐の深さ。エスタブリッシュメントされたこの都市の裏に隠されたアメリカの底力に脅威と羨望を感じたのだ。

そして、ここでもイノベーションのためのアートとサイエンスが融合したプログラムの重要性を再認識させられる出会いがあった。現在日本語版も出版されている電子工作マガジン『Make:』の制作チームが、玉石混交の雑居ビルの片隅にいたのである。メンバーたちがうれしそうにバックナンバーを見せてくれたが、日本に帰ってアマゾンを検索すると、ほぼ同時期に日本語化が始まっていることを知ってうれしくなった。

スキマが起こすイノベーション

さて、できれば七〇本弱のインタビューの全てをここで紹介したかったのだが、ＭＩＴ冒険記だけで一冊の本になってしまうので、おまけの話をひとつだけ紹介したい。

二〇一三年に東京で再会したミシェルがずっと覚えているエピソードがＭＩＴのＦＭ局での役者デビューの話だ。公式のシンポジウムや講演と比べれば、息抜きのような学内ＦＭへの登場なのだが、これが結構レジデントの真価を測るリトマス紙になっているのだということに気づいた。

十一月三日の夕方、学内のFM局に行くと、案の定ここはヤバイ場所だと直感。まずスタジオ併設のレコードのアーカイブの部屋に連れて行かれ、お前の今日のオススメ曲を言ってくれ、何でもここにはあると言われたのだ。気が遠くなるほどのコレクションが床から天井まで、そして延々とかつ整然と取り囲んでいる。これがゲストをもてなす学生たちからの最初の洗礼なのだという臭いがぷんぷんしている。僕は即座に「ザ・レジデンツの一九七四年のアルバム『Meet The Residents（ミート・ザ・レジデンツ）』ある？」と聞いてみた。相当マニアックな南部のクレージーな謎めいたバンドの初期のアルバムだ。昔から作品を構想する初期にアイデアを散乱させるツールとしてよく聞いていたこともあるし、やはりアメリカなのでドイツのバンドとかはマズイよなという思いもあった。

するると、途端にノッポのドン・ホイーラー君の表情が崩れた。「おう、お前ザ・レジデンツを知ってるの⁉」いやはや、音楽恐るべしである、一瞬で場の空気が変わり世代を飛び越えた不思議な信任状の調印式が終わった。そこからはお互いにワル乗りが始まる。番組そのものがカルトな感じでヤバイものらしく何をやってもかまわないとのこと。「じゃあオーソン・ウェルズをやろう」ということになり、僕の英語のプアーさを隠す仕掛けを考え出した。

ストーリーはこうだ。僕は昔ミズーリ州のどこかの村で幼少期に何者かにさらわれて、東洋の果て、日本の東北地方にある月山の山岳修験の寺院で育てられた（ゆえに英語が十分に話せない）。その後富士山の麓の新興宗教の教団にまたもや拉致されたが、そこにいた老師ヨーダ（勝田君の役）とともに脱出に成功。アメリカで新たな宗教を立ち上げようとしてやって来たという話。やたらとディテールの解像度が高い僕たちの話に、電話で質問をしてきたリスナー（これもサクラでガラスの向こうから電話してる）が、完全に信じこんでしまうというシナリオ。オンエアのランプが消えた瞬間スタッフ全員で大爆笑。日本じゃ「不謹慎」という常套句を浴びるのがオチだが、こんなオフザケをMITの公式FM局でやっているんだからどこまでこの国はスキマだらけなんだと怖くなる。そりゃとんでもないインベーション（突然変異）が起こるわけだ。

確かに重箱の隅をつついて完璧なプロダクトを作ることは大変な美点でもあるのだが、そこに至る膨大なゴミがあってこその持続可能性なのではないかと思う。グーグルにしても一部の大ヒットの影でゴミと消えた無限大のプロジェクトが存在するし、目先のクオリティに汲々とする余り、失敗をする勇気を失っては元も子もないのだから。やはりゴミ箱を空にしたらアカンのです。

＊1　「Design for the other 90%」　世界人口のうち九〇％が先進国で普通に使われる製品やデザインを使っていないとされる。その九〇％の人に向けたデザインを集めた展示。

ウルトラファクトリー——自律型の夢の工房

アーティストのヤノベケンジ氏から、「京都造形芸術大学から情報デザイン学科の先端アートコースで教えてくれないかとの打診があった」と相談を受けた。ヤノベ氏には千里時代のIMIに講師として参加してもらったこともあるし、大学のバレーボール部の後輩でもあったので気心知れた仲だった。彼は「自分は背中を見せて学ばせるタイプなので教壇からの講義はできない」と悩んでいた。

当時から彼は水戸芸術館を基地に変え、金沢21世紀美術館の立ち上げに際しては、プロジェクト工房で巨大なロボットを市民参加型で作るなど、工房を創造して周囲を巻き込む力には天才的な才能を発揮しているスーパースターだった。その彼が同じ大学に合流するというのはまさに百人力の思いがした。そして偶然か必然か、新しい校舎ができる際に、各学科がバラバラに持っている工房をまとめることができないかとの相談が執行部から来ていたことと重なった。

二〇〇七年当時、僕は同大学空間演出デザイン学科の学科長をしていた関係で管轄下に大きな木工工房を持っていた。しかし、既得権益を自ら手放すという先行事例をつくるため、学科教員の了解を得て木工工房を手放した。同時に美術工芸学科にあった立体作品制作のための工房にも視察に行き、ヤノベ氏主導で機材の再編にも着手してもらうことにした。こうして最終的に経営陣に提案したのは工房の機材を売りにするのではなく、そのなかで生み出されるコンテンツを売る自律型の工房案だった。

ところで、日本が早く離脱しなければならない馬鹿げた仕組みがふたつある。ひとつは単年度予算。もうひとつが、機材を買う予算はついても技術員や企画スタッフを雇用し、広報物を作るソフトウェアの予算が確保できないということだ。

実は美術教育の持続可能性を考慮すると、最も重要なのが現場の技術者雇用と企

金属・木材加工から樹脂成型までが行える設備が整っているウルトラファクトリーの工房

画運営費の確保だ。機材は新品でなければいけない、などとこだわらなければ、オークションサイトで買っても、倒産した工場から払い下げてもらってもいっこうにかまわない。それよりも、その機材を動かせる技術者が同時に雇用できなければ、ピカピカの動かない機材の壮大な陳列場となるだけなのだ。とにかくパソコンや機器を作っている大手メーカーにだけ金が落ちて、現場がその犠牲になるという事例は枚挙に暇がない。自治体の持つ公共施設に残された、当時は何億円もしたと思われる陳腐化した機材導入の責任を誰が取るのだろうか。

経営陣には、工房予算の三分の一を技術員雇用費に、三分の一を企画や出版費に、そして残りで中古の機材を買いつけに行くという予算配分を了承してもらった。後に詳しくご紹介するマンデイプロジェクト（学科を越えたワークショップ型の授業）という大学の教育改革もすでに実施されていたことや、文部科学省の補助金も得ていたことなど実績があり、比較的スムーズに工房統合のプロジェクトを経営陣には説明し理解を得ることができた。

少し話が脇道にそれるが、教育現場の実情をお伝えすると、これほど事がスムーズに運ぶのは、他大学では稀有なことらしい。僕は最もエネルギー効率の良い道を最短距離で走るのが当たり前と思っているので、改革に十年もかけたりするなんて信じられないし、まして既得権益にしがみついて、誰が考えても「そちらが良いね」という道に工事中の看板をかけるなんて、やはり許しがたい。

それを感じたのが、マンデイプロジェクトが大学における先端的な教育モデルとして脚光を浴び、スピーカーとして全国の研究会に招待された時だった。スピーチのあとの懇親会で、さまざまな大学の改革担当教員と事務方から「よく教授陣を説得できましたね！　一体どうやって？」と質問が寄せられた。教養科目群を一気に解体してワークショップ型教育に再編するなんて、ほとんど革命に近いほどの衝撃だったらしい。そんな一大事とは知らず、まさに「知らぬが仏ってことだな」と自分自身を笑ってしまったのだが、人間の身体同様に組織も新陳代謝による持続可能性の追求を怠ると、すぐにあちらこちら腐食して、時代の新鮮な空気を吸えなくなってしまう。もし

同僚たちと工房にて。写真右からやなぎみわさん、浅田彰さん、ヤノベケンジさん、名和晃平さん、著者

それがＢｔｏＣの企業であれば、即時に製品や商品の差異として消費者の鉄槌を食らうことになるのだが、変則的なＢｔｏＢで、おまけに税金を大量に投入されている大学や公的機関では、なかなか改革が進まないことは容易に想像できる。

とはいえ現在のように学生の人気取りに終始し、流行りにすがって地味な研究を排除することは最も憂慮すべき点である。どのような時代にあっても変わらないもの（歴史に洗われた古典）と変わるものを正しく見極めて双方を慎重に配することが、時代の荒波を乗り越える操舵法であることに疑いはない。

話を本筋に戻そう。かくして二〇〇八年四月に初代所長にヤノベケンジ氏を迎えて、自律型のウルトラファクトリーが動き始めた。一九九六年に千里のＩＭＩで小さな工房を立ち上げてから長くジプシーを繰り返し、ようやく京都の地に理想に近い融合型のプロジェクト・ファクトリーが結実した。「大学が資金を出してくれるなんて羨ましい」とよく言われる。しかしヤノベ氏をはじめ我々参加するアーティストも、大学とは相補的な関係を構築することを自らに課していることも、この場でお伝えしておきたい。つまり、このファクトリーに参加して学生を徒弟制度で教えている多くのアーティストの制作費は、すべてアーティスト自身が資金を持ち込んでいるのだ。我々は外から仕事を取ってきて、一部を大学に納付したあと、学生と協働しているのである。一方的な寄生は長くは続かない、あくまでも自律的に共生することで、持続可能性が開かれてゆくのだ。この点を潔くお互いの緊張感を維持しておかなければ、どんな素晴らしいシステムもすぐに劣化する。

同じころ名和晃平さんもSANDWITCHという工房を観月橋《かんげつきょう》（京都府）近くにオープンし、ヤノベ氏とともに京都芸大（京都市立芸術大学）彫刻科出身の両輪が工房システムを駆動させて新しい時代を切り拓いてゆく。まだまだアーティストのスーパー工房は動き始めたばかりだが、京都にある多くの大学が、しっかりしたリーダーシップのもとに工房を機能させることができれば、いずれボストンのようなイノベーティブな都市となってゆけるはずだ。

京都造形芸術大学マンデイプロジェクト&金沢21世紀美術館中学生まるびぃアートスクール──ワークショップ設計のシステム

僕がワークショップなるものに正式に関わったのは比較的遅かった。京都国立近代美術館の学芸員だった河本信治氏の要請を受けて一九九七年に設計した「漂流教室」(イメージの図書館から十八人の中学生が創る十八の展覧会)が最初である。僕としてはエクスプロラトリアム訪問の頃から、方法論としては同じような現場(美術の授業)を日々設計していたこともあり、皮肉屋河本さんの「いまさらやりたくはないけど予算がついてしまった」とのミッションを受ける形で取り組んだ。

しかし今になって思うと、最初で最後のワークショップにしてやろうという京都人特有(?)の底意地の悪い計画がどんどんアヴァンギャルドな方向に転がり、気がついてみれば、このワークショップを越えるのは至難であると自戒する自分がいる。あれから二十年近い時が過ぎても、ワークショップと名付けられた絵画教室が美術館の片隅で細々と続けられていることも多く、ワークショップとは何かという定義も漂流したままだ。

少し振り返っておこう。「漂流教室」の設計軸は至ってシンプルだ。「中学生」という定義をまず疑うこと。我々がアプリオリに中学生とくくって低料金で美術館に入場させている特定の年齢で区切られた集団に潜在している能力が、特定の分野ではコモンセンスに拘束された成人より卓越していることを視覚化する。具体的には、果たして中学生たちが美術館で入場料を取る「企画展」をキュレーションできるのかということである。写真を中心とした京都国立近代美術館の膨大なコレクションを素材に、短期間のワークショップで未分化の中学生たちが、大人顔負けの視覚のシェフとなりました、というファンタジーの記述が可能なのかということだった。

このプロジェクトに巻き込まれた僕は、皮肉なことにクリティカルな外部に留まることを許されず、『スクール・オブ・ロック』のようなハリウッド的教育成功譚を描く役割を引き受けていたのだ。こうして九月二日のオープニングに向けた、京都教育大学付属桃山中学校の中学生たちとの奇妙な夏休みが始まった。

当時神戸の女子校で中学生の担任を何年も続けていた僕の教育現場における態度は、何かを教えるというよりも、どちらかといえば文化人類学の方法論に類似していた。この時もアーティストという立場ではなく、インフォーマント（情報提供者）である中学生から、現役の中学校の先生としてライフストーリーをヒアリングする、ネイティブ・エスノグラフィーを行うことが特権的に許されていた。教えるという高慢な啓蒙主義から距離を置けたことが、以後のワークショップをスムーズに運んでくれることになる。

この時の経験が、帝塚山学院大学から京都造形芸術大学に移籍して委託された教育改革プロジェクト、マンデイプロジェクトの骨格となる。当時の執行部から「釘の打てない・すぐカッターで手を切る美大生」をなんとかできないか。「人間力」をつけないとこのままでは美大が就活以前のモラトリアムになるとのことだった。

そう言われても僕自身が学生時代は病弱で、まともな仕事には就けないと確信していたがゆえにモラトリアムとして美大を選んだダメ男。正直なところ、できるだけ「そっとしておいてほしい」のが、日陰の植物としての「美大生」だと思っていたので、囚人に監獄を設計しろと言われたような妙な気分だった。

とはいえ僕は、日陰で王国をつくろうと企む生物としてのズル賢さに恵まれている。そんな僕と異なり、周囲に集まってくる学生たちは、弱さを知ったうえで生き延びてやろうという意志もなく、ただ漠然と高い学費を払いながら不安で散文的かつ従順(これが最悪)な日々を送っていた。そうか、ここにいるのは脱獄してやろうと延々と考えている僕のような囚人ではなく、百円均一ショップのように、みんな等しく収容所生活も悪くないと思っている平穏な連中なのだと呆然となる。やはりこのままではこの国のクリエイティブ（現状からの脱獄）は滅ぶと直観し、美大にはあるまじきブート・キャンプの設計に着手した。

当時副学長をしていた建築家の横内敏人氏と情報デザイン学科長の榎本了壱氏、そして空間演出デザイン学科長の僕と大野木啓人芸術学部・学部長を加えた四人のブレストの結果、「アイデアがあるならやってよ！」という横内氏のひと言で僕がワークショップ設計を丸投げされた。当時の学長をしていた芳賀徹先生に「人間ドリル」というサディスティックなコピーを提案に行くと「ありえん！」と一喝され、気配を察知した教養科目の教授たちの査問会に召喚されて謝罪会見（？）を開くという始末。説明しても誰も理解できなさそうなので、結局一人で黙々と八〇本にも及ぶワークショップのプランを書きながら妄想を膨らませた。

しかしながらというのか、当然というのか、このワークショップという方法が実に曲者で、指導者（ファシリテーター）の力量に大きく依存する。素養として役者であり医者であり易者であり、かつ膨大な引き出しを持って歴史や思想を背景に織り込みながらファシリテーションできる人材が果たして何人確保できるのか。まして専任教員で、と考えると片手くらいしか顔が思い浮かばない。体育会系や音楽のクラブも同じだが、指導者が別の学校に移るだけで生徒は劇的に変わることは自明の理。もちろんその指導者を生徒たちは追っかけるから移動先の学校が強くなるともいえるのだが、おそらく有能な指導者は火のないところでもなんとかするのである。いくらマニュアルを八〇本書いても、その意味を理解し拡張するファシリテーターがいなければ、それは〝ナンチャッテ般若心経〟以上の意味を持ちはしない。

とはいえ最初から現場を思い浮かべてしまうと理念が揺らぐ。とにもかくにも十年後の学生たちの活躍を想定しつつ、僕が手を離しても自動的に事が進むよう、簡潔で強いシステムの設計を行った。以下はその三本柱と、それぞれについての四つの要素だ。これは遺伝子を構成する塩基AGCTに倣って、四つのシンプルな要素があれば膨大な多様性を派生させることができるという僕の勝手な思い込みによるものだ。

A　全体のシステム

①鉄は熱いうちに打つ（一年生の前期・月曜のみ＋夏期集中）
②学科横断のクラス単位にする（異分野の友と将来起業する種を植える）
③「作り方をつくる」「考え方をつくる」メタ・ワークショップの開発
④前期のワークショップで個人力を、夏期集中で協働力を育成する

B　ファシリテーター（以下FA）育成

①専任教員が交替でFAを担当することで、大学全体の教育力を向上させる
②同時に外部の優秀なアーティストをFAとして採用
③学生のワークショップ評価を毎回グラフ化し検証
④ベテランFAが、クラス運営のバックアップ役として待機

C　学生の自立支援

①上級生からティーチング・アシスタントを採用し単位化
②ティーチング・アシスタントの引き出しを増やす専門の講座を設ける
③ワークショップの教科書編纂を上級生に担当させてフィーを支払う
④学生が創作したワークショップのメニューも積極的に採択

こうしてワークショップ部分の基本設計は固めた後、このプロジェクトにおける最大の難関でもある協働プログラムの開発に着手した。前半のワークショップに関しては、メニュー差し替えによるバージョンアップが比較的容易だが、八百人規模の集団一人ひとりに、完成まで何らかの仕事がある（手余りが出ない）ようにしなければならない。特に後半の協働プロジェクトの選定は、困難を極めることが容易に想像できた。クラス対抗で歌舞伎を演じる可能性を探りに、長浜（滋賀県）の子供歌舞伎を見に行くなど、数多くの集団作業も比較したが、まったくの素人でもすぐに習得できて、かつ飽きずに作業を継続でき、そして感動的な成果物が誕生することなどは夢のまた夢のように思えた。

しかし、成功するプロジェクトの誕生にはいくつか偶然が重なるものである。我々が協働分野のプログラムを思案していた時に榎本氏が「ねぶたはどう？」と呟いた。すかさず当時事務局長だった五十嵐氏が「確か大野木先生がいま、青森にいますよ」と言う。これは臭う！「じゃあ行きます」と僕は即答するやいなや、同僚の内装デザインを教えていた現場ノウハウ満載の池永誠之講師を誘って青森に飛んだ。

レンタカーを借りると、まず山沿いにあった「ねぶたの里」という展示会場に行く。特にあてがあったわけでもなく完全な飛び込みであったが、ここで針金とタコ糸とボンドとペンチとの運命の出会いがあった。あの巨大な造形物が、こんなにシンプルなマテリアルだけで成立している。そしてどの行程にあっても柔軟に形を変形できる可塑性がある。実に驚愕すべきテクノロジーを、それは豪壮な武者絵の内に胎蔵していたのだ。

ここでぜひ読者に知っておいていただきたいのは、私たちが長い伝統があると思い込んでいた「ねぶた」は、実は一人のイノベーターが創造した〝新しい伝統〟だということだ。そのイノベーターとは、昭和三〇年代に竹ひごから針金で造形することを編み出したねぶた師北川啓三氏に他ならない。こうして青森で生まれた「ねぶた」は、生誕の地とされる京都に舞い戻った。当時県議会議員として我々のリサーチに骨身を惜しまず付き合ってくれた現・青森市長の鹿内博氏や、数多くのねぶた師の方々からは、実に熱心に技術の伝授を行っていただいた。著作権がどうのこうのと人間の創造性を過度に縛る風潮のなか、オープンソースで改変自由というクリエイティブ・コモンズもビックリのシステムには頭が下がる思いであった。

その後、このプロジェクトは京都造形大の名物となると同時に、文部科学省から先端的な授業の取り組みとして補助金を受け、大正大学の教育プログラムにも採用された。アートディレクターの北川フラム氏の誘いを受けて瀬戸内国際芸術祭の夏を彩る高松うみあかりプロジェクトとして地域に根づき、個展を開催した霧島アートの森がある湧水町からオファーを受けるなど数多くの花粉を飛ばし始めている。そして二〇一四年、マンデイプロジェクトのファシリテーターとしてエース格の池永誠之氏率いる「チーム池永」によって、フランスのレジデンス施設ヴィラ九条山のリニューアルオープンに七メートルの武者像が製作された。フランス本国に大々的に紹介されて

ねぶた制作に取り組む京都造形芸術大学の新入生

大きな話題を呼び、とうとう本格的にパリデビューとなる勢いである。ここでこのプロジェクトのコアを記述しておこう。

①本家「ねぶた」の技法は使うがデザインを自由に
②色彩はあえて使わず白のみ（蔵王の樹氷をイメージした）
③一クラス三十人強。十日間の集中で一気に作る
④クラス対抗コンペティションにすることで競争心を再生する

特に決定的な条件が「色、形、時間」に枠を設けることにあった。あれもこれもと欲を出すとプロジェクトは迷走することが多く、初期の立ち上げにおいてはビジョンを持ったリーダーないし少数のメンバーが、全責任を持って細部に至るまでシミュレーションすることが望ましいだろう。

学生が作ったねぶた。色はあえて使わない

　ここでは、見かけだけの引用は禁物だ。現在五〇を越える「ねぶた」の企画が日本全国で開催されているが、そのまま本物を借用したり、アニメに変えたりといった作品も見られる。そこには批評的に本家の「ねぶた」を乗り越えようという倫理や、真の意味でのリスペクトが見受けられない。お世辞ではあると思うが、ねぶた師の方々が「京造ねぶた」を楽しみに見に来られて、形では本家を超えていると喜んでくださるのが光栄でもある。弟子の仕事は師匠を乗り越えることにあり、また乗り越えるべき高い山がそびえ立ち続けていることがありがたい限りである。

「中学生を美術館に！」金沢21世紀美術館の挑戦

　こうして後半のプログラムは安定して走り始めたのだが、まだまだ前半のワークショップはバージョンアップの途上にあった。その要因のひとつとしてワークショップの質をファシリテーターの経験や技量に負うところが大きかった。いままでは評価の低い総合的学習の目指す世界は、理念としても時代背景としても的を射たものだったが、現場の教員がアクティブラーニングの手法でファシリテーションするスキルを学ぶ時間もないまま、結果のみが現場に降ろされるという不幸から崩壊した。嘆かわしいことに文部科学省のトップが交替するたびに、プランを書く中堅には前任者の否定という十字架が背負わされてしまう。良いものは残しつつバージョンアップをすればよいのだが、それでは何が新しくなったかわからないということで前任者のやらなかったことに手を染めざるを得ない。高級官僚に取りつけられた安全装置が過度に働き、教育の現場が混乱しては元も子もないのだ。

検討課題を少しずつ修正しつつマンデイプロジェクトが起動に乗り始めた二〇一一年。金沢21世紀美術館のキュレーターである黒澤浩美さんとエデュケーターの木村健さんから中学生を対象としたワークショップ開催の打診があった。欧米の美術館で展覧会をするときには必ずといっていいほど市民や学生たちへのワークショップ依頼があるのだが、日本では二〇〇七年の京都国立近代美術館以来久々の取り組みだった。

依頼の理由は、中学生だけが美術館にあまり来ない。ゆっくりでもいいので中学生にもアートに興味を持ってもらいたいということだった。ちょうど僕も、もっと先鋭的な取り組みをしたいと思っていた矢先だったのでさっそく金沢に赴いた。

ここで少し背景をお話ししておきたい。実はほとんどの国民の関心の外だが、一章で述べた総合的学習導入時に供出した美術の授業時間は、学力向上の大号令の前に、今だにもぎ取られたままとなっている。中学校の美術は週に一時間を残すのみとなり、当然の帰結として準備と片付けの時間を入れると野外スケッチにも行けず、そのことが生徒たちの美術（アート）離れを加速している。ハイアートも伝統工芸にも触れる機会を奪われた子供たちにとって、結果的に「アート＝ゲームやアニメ」という図式が確立されてしまった。皮肉なことだがゲームやアニメという日本の強みを強化しているのが、教育現場から美術が退出してゆく過程と重なっているのかもしれない。

大学進学率は少子化の勢いを覆すレベルで上がっているにも関わらず、芸術大学におけるハイアートと工芸分野だけは志願者を激減させているという現実の影に、授業削減と美術教員急減の影響が見られることは間違いないだろう。幸か不幸か僕は二十四年間中学と高校の美術教師だったし、担任も運動部の顧問も茶髪の生徒への指導もやっていたから現場の悩みは熟知していた。

昨今ようやく先生の仕事の負担を軽くしなければと文部科学省も言い始めたが、美術の教師が美術の素晴らしさを生徒に伝える時間より、生徒指導や事務仕事に費やす時間の方が圧倒的に長いという事実をどう考えるのか、高級官僚の諸兄にはぜひ問いただしたいと常に思っている。真にこの国の教育を再生したければ、科学は科学、歴史は歴史、文学は文学という専門領域において、まずは分野の魅力を最大限に発揮する授業を行うべきだ。それこそが生徒のやる気を促し、未来への信頼に繋がることは自明の理だ。生徒の悩みを聞いてくれる優しい教師である前に、悩みが吹き飛ぶようなワクワクする授業を組み立てる時間こそ教師に与えるべきだ。教育の前に研究あり！　研究なき教育は学問の質を恐ろしい勢いで低下させる。まさに悪しきポピュリズムの実践を現場に強いているという事実を僕は憂慮している。

ゆえに、中学校の先生たちはこのプログラムを迷惑なことと受け止めるに違いないと黒澤さんには伝えた。なぜならもし僕が教師の立場で、教頭から「21世紀美術館が美術部にワークショップをやらないかと言っているぞ、きみ参加してみたら？」と言われたら、現場の教師としては「いや、バスケ部の顧問もしていますし、保護者面談を週末に組んだので……」などと言いながら「クラスのことで手一杯です」と断るに違いないからだ。

ワークショップでマイコンボードAnduinoを使い、LEDや蛍光灯の点滅に挑戦する中学生たち

もし、前述したような美術の授業開発が教員の評価に繋がるシステムがあれば（当然あるべきだが）、山のように申し込みが来るだろう。しかし現状はそんなこと（授業）より文化祭の飾りつけや、学校事務で腕を上げることの方が評価になるため、このプログラム自体が中学校の美術教師のモチベーション向上に繋がらないのである（他教科もおそらく同じ状況だろう）。

「さあ困ったな」というのが依頼を受けた時の率直な感想だった。とはいえ、金沢には国立の芸大があり、おまけに21世紀美術館という理想に近いアート空間もある。条件としてこれ以上の場所はよそにはないということも明白な事実だった。いやはや中学校はシンドイとは思ったが、いままでの経験を全部突っ込んで理想を追求してやろうという想いが背中を押すことになった。以下にシステムを記す。

①ワークショップはカッコイイ美術館で行う（生徒や先生のやる気が変わる）
②美術館でカッコイイ展覧会を開催する（先生や生徒に責任を持ってもらう）
③毎年カタログを作る（記録を共有する）
④複数回のワークショップ日を確保する

こうして一回目が始まったのだが、このプロジェクトで最も重要なコラボレーターとして呼び込んだのは「シロくま先生」だった。シロくま先生とは、スーツ姿に白熊のマスクを被った、人間と動物のブリッジというシュールな先生だ。彼が京都造形大の空間演出デザイン学科の学生だった頃から面識があり、その後、僕が同学科の学科長になってからも、さらにその後の前述のマンデイプロジェクトを立ち上げる時も、いの一番に起用するクールな風来坊デザイナーだ。

年齢が離れすぎて理解不能なビジョンを口走る怪しいアーティストの僕だけでは、間違いなく中学生はドン引きする。そこに稀人《まれびと》（トリックスター）のような存在が登場するだけで場の空気は一気に親密なものとなるのだ。また彼は大学のワークショップファシリテーターとしての才能も群を抜いていたこともあり、躊躇《ちゅうちょ》なく協働を依頼し、カタログの製作も彼に一任した。このプロジェクトの詳細は『魔法のひきだし』（絶版）『魔法の書道展』（残部僅少）『魔法のｈｏｍｅ』『魔法のヒカリ』（金沢21世紀美術館）という四冊に記録されているので、ぜひ美術館のミュージアムショップなどでご購入いただければと思う。

というわけで当初は一回だけで終わる予定だった中学生まるびぃアートスクールは金沢の中学校美術の先生たちに楽しんでもらえることとなり、とうとう五回まではやろうとなった。このワークショップを経験した中学の先生たちが移動先でこのワークショップを宣伝してくれたり、校長先生や教頭先生の口コミも手伝って、徐々に理解してもらえるようになったことが継続に繋がってきたのではないかと思う。

百聞は一見にしかず。二〇一六年の一月には五回目の展覧会が21世紀美術館で開催されているはずなので、お読みになってご興味を持たれたら、「笑う空間のシュールな作法」を味わいに、ぜひ現場をのぞきに来ていただければ幸いである。

退蔵院方丈襖絵プロジェクト――江戸の絵師を現代に

金沢21世紀美術館が所蔵する「Aesthetic pollution」(立体作品)を展示したいとの連絡をキュレーターの黒澤浩美さんから受けたのが二〇一〇年の七月だった。八月下旬には韓国・ソウルでグループ展があり、その後光州ビエンナーレに立ち寄る途中でメールのやりとりを行いながら、九月八日から三泊でセッティング、二十一日オープンというスケジュールを組む。これと平行して、僕の学科の学部長・大野木氏(現・副学長)から海のものとも山のものともわからない襖絵の相談を受けていた。それは京都の妙心寺の塔頭《たっちゅう》(僧侶などが住む坊)、退蔵院の襖絵を描いてほしいというプロジェクトだ。実際にこのプロジェクトが動くのは十一月になるのだが、半年ほど前からうっすらとそんな情報がいろいろ重なっていたこともあり、もしこのプロジェクトが動くなら肝の座った若手を選んでトライアルをしておく必要があるなと漠然と考えていた。

僕の脳内には小さな噂話や些細なひと言のプールがあって、フワフワと未知のプロジェクトの卵たちが浮かんでいる。僕はこれをベイビー・ユニヴァースと名付けてかわいがっているのだが、この時も不思議なリンクが自然に繋がってゆく予感が十分にあった。ただし、ここでこのプールに浮かんでいる人材やシステムのなかに存在しない単語がひとつだけあるので先に告げておかねばならない。それが「会議」という単語である。「社に持ち帰って協議します」という流れがダイナミックな潮流になることは一度もなく、たいていはうやむやになったり時間もクリエイティビティも空費するので、経験上慇懃にこれをお断りしている次第。現在は幸せなことに、立ち話で「やってくれない?」「いいですよ!」の原始的なネットワークだけで仕事に忙殺されているので幸福なことこの上ない。

やはり我々の仕事は究極のところ現場の出来不出来が生命線であり、チームの全員が自己責任を取る集団で固めないと危険なのである。そんなチームに「会議」という責任回避のツールとしては優秀なシステムを介在させるわけにはいかない。自己決定権（資金）を持たないメンバーを増やせば増やすほど何を仕留めるのかというターゲットは消失し「会議」と無意味な「報告書」そのものが自己目的化してゆくだけなのだ。

村林由貴さんと出会ったのは、学内グループ展だった。二〇〇九年に開催した京都国立近代美術館の個展「Gold/White/Black」に出展する巨大なペインティングを手伝ってくれた神馬啓佑君と同期に、とんでもない大画面を描いてる学生がいると聞いて興味を持ったことがきっかけだった。情報デザイン学科の先端アートコースにいた彼女は、田名網敬一先生譲りの極彩色サイケデリックなイラストレーションを描いていたのだが、僕が会った時にはすでにミニマルな方向にシフトしていた。

その線を見た時、こいつには禅が求める破天荒に向き合う天衣無縫な生命力があるとの直観があった。大きなシステムを生み出す時には、数個の巨大なコアがないと何も動きはしない。そのコアのひとつがここにあることが瞬時に理解できた。偶然といえばそれまでだが、僕は臨済宗相国寺派の無碍光院《むげこういん》の檀家で、自らの思想的バックボーンを『臨済録』と『ヨブ記』という両極端に負うところがあり、その意味でもこのプロジェクトは絶対にやり遂げねばならないと密かに思うところがあった。

いきなり八月二十八日に金沢21世紀美術館の常設展で僕とコラボしないかと彼女に電話を入れた。翌日メールがあり、九月三

写真左から退蔵院副住職の松山大耕さんと村林由貴さん

日に打ち合わせして、八日には金沢に乗り込んで僕の作品を取り囲むように巨大な壁画制作に突入することを決める。僕の周囲の若者たちでグングン伸びる連中の特徴は、とにもかくにも「安請け合い」することだ。つべこべ言わずに、まずはついて行ってみようかなという気風があって、そのおおらかさが将来の伸びしろを決めてゆくような気がする。こうしてもうひとりの同期生鬣恒太郎君と彼女が僕の設置を手伝いながら徹夜で壁画を描き上げていった。彼女は何を言っても「はーい」と満面の笑みで仕事をこなす。少々寝ないでも平気だし、法外な要求にもへこたれない。退蔵院のプロジェクトは公募型で若手アーティストを発掘することが決定していたが、彼女のような存在がいれば、責任が取れる、仕事が来たら受けようと腹をくくった。

名工の伝統を次世代に繋ぐ

この奇妙な首実検のあと、十月二十一日に当時大学の職員をしていた乾明紀さんの紹介で、妙心寺退蔵院副住職の松山大耕さんと出会う。ちょうど先方も重要文化財の狩野了慶の襖絵の劣化が激しく、収蔵庫に入れたあと白襖を入れるだけでは味気ないと考えておられ、その場を通じて若手を支援する方法がないか模索の途上にあったことが幸いした。

普通は重要文化財に替わる襖として、デジタル・コピーで複製した襖絵をはめたり文化勲章をもらったような大家に新たな襖絵を発注するのだが、無名の若手に描かせるというラディカルなコンセプトから一気に出発できることに驚いた。もちろんそれには前例がある。そもそも、件の襖絵とは狩野探幽が妙心寺に逗留しながら現在でいう初任給程度の給金をもらいながら八年かけて完成した、寺宝ともなっている「八方睨みの龍」なのだ。当時、絵を描くなどという卑小なことはどうでもよく、修行の途上で龍が見えるまでは描かずともよいということだったそうだ。その老師のメッセージには、禅とは何かという問いがそのまま詰まっている。

2012年11月に壽聖院の書院と茶室の襖絵25面が仕上がった

日本というシステムの外装は西欧文明に置き換えたのに、ダメな中身はそのまま残すという、ご都合主義の明治革命に僕はウンザリしていたので、明治をすっ飛ばして江戸時代の仕組みをまるでそのまま現代に再生できることにワクワクした。ともかく漫画家の井上雄彦氏の起用など頭の片隅に少しはスケベ根性ももたげていた僕の脳天に、若い大耕さんが一喝を喰らわせてくれたことが痛快であり、わずかな煩悩も雲散霧消したのである。こうなれば思う存分企画書を書くまで。Ｆ１ドライバーを得たのだから、あとは当世一流のメカニックを調達するというミッションをクリアできれば事は成る。こうして京都造形芸術大学の技法材料研究室の青木芳昭教授と、また同大学の日本画コースで表具の講座を担当している京表具の伝統工芸士、物部泰典講師の人脈を頼って四百年後に襖絵を残すプロジェクトチームが完成した。

そして画材も厳選に厳選を重ねた。紙は越前の五十嵐製紙に依頼して、伝統製法で漉《す》いてもらい、墨は奈良の老舗墨運堂《ぼくうんどう》の百選墨《ひゃくせんぼく》を、そして硯《すずり》は値段をつけられないランクの歙州《きゅうじゅう》硯《けん》を墨運堂からお貸しいただくことに。舞良戸《まいらど》は樹齢千年ものの台湾檜を四十年寝かせておいた用材で仕立て、筆は絵師、村林さんの求めに応じて京都の筆屋中里が調製する。硯と紙と墨。その全ての相性を考慮し、墨を磨る水はもちろん、いまは幻となりつつある膠《にかわ》まで徹底して吟味することになった。

このプロジェクトは、二一世紀における絵師の在り方を提示するだけでなく、こうした職人たちの技を次の時代に繋ぐことも目的のひとつだった。これこそが表面には現れないにせよ、我々が取り組むべき真の道であることを示したかった。特に感動的だったのは、舞良戸を担当された京都・山科《やましな》の工房の職人の方が「生きているうちにこの用材に触れるとは思わなかった」と涙ぐまれた時だ。常の仕事はマンションのフラッシュドアを作りながら、時折やって来る寺社の依頼を細々とこなしておられる。一方でこのプロジェクトの何倍もの値段で寺社の襖絵をコピーしないかという悪魔の誘いが京都の有名寺院には日々押し寄せるのだ。このままいくと、モラル度外視のデジタル・コピーの影で、素晴らしい技術は職人とともに途絶えてしまう。デジタルの功罪を一概には語れないが、そのことによって失われる文化の大きさを思うと、我々が少しでも大きな声を出し、実績を残す他はない。ともかく、なんとかデジタルの猛追をかわして時代に間に合ったのである。

ここでプロジェクトの骨格と初期の経過を記しておこうと思う。まず絵師の公募を行ったが、その時に僕が設定した条件が下記だ。

①画家ではなく絵師であること
②装飾絵画ではなく宗教画であること

③寺の職員として住み込むこと（大学院修了に見合う標準給与が支給される）
④何を描くかは修業のなかで自分で探すこと
⑤寺は創作に十分な画室を用意すること
⑥画材は当代最高の材料を提供すること

最後の面接に残った志願者は五名ほどであったが、臨済宗で最も厳格とされる静岡・三島の龍沢寺《りゅうたくじ》で接心《せっしん》という修行があるということに恐れをなしたのか、書類選考の段階で多くの応募者が辞退した。またプロジェクトのプレッシャーの大きさに怯むものも多く、結果的に最初に白羽の矢を立てていた村林由貴が残ったのだ。

詳しくは彼女のブログや今後の進展を参照していただきたいのだが、彼女はさっさと松山副住職が高校生時代に住んでいた部屋に下宿し始めると、すぐに部屋の襖という襖に絵を描き始めたのである。まさに食客逗留し絵を残すという伝統にスイッチが入ってしまったのだ。その後、運良く境内の塔頭壽聖院《じゅしょういん》に松山副住職のご実弟が住職になって着任されたことを契機に、壽聖院に練習の場を得ることができた。この壽聖院は「大一大万大吉《だいいちだいまんだいきち》（一人が万民のために、万民が一人のために尽くせば、天下は太平となる）」という、戦国武将でありながら民主主義の根幹ともなるステートメントを旗印にしていた不遇の武将、石田三成公一族の菩提寺。徳川幕府のプロパガンダによって一方的に悪者にされたものの、史実を見れば彼が英明で忠誠心に厚い人物であったことは明白である。その三成一族が眠る寺に彼女が投宿して絵を残す。姿を変えながらも現代社会を維持しているか細い民主主義の種がここにもあると想うと、その偶然に鳥肌が立つ思いだった。こうして足かけ二年をかけて、三島で修行を重ねながらこの壽聖院に数多くの襖絵が残されていった。

以心伝心とはこのこと。村林さんが最初に襖絵を描き始めた部屋の書院にある「無一物」の軸の下に描かれた巨大な鯉の跳ねる姿とは対照的に、壽聖院本堂の襖には稲穂の間を戯れる無数の雀が群舞する姿が描かれている。小春日和の一日、障子を開け放った濡れ縁に寝そべってその雀たちを眺めていると、日本人にとっての平和とは何かをしみじみと感じることができる。大げさな話なので、絵師の村林さん本人に叱られそうだが、これで三成公の無念の一端が晴らせたと勝手に思い込んでいる僕である。

この原稿を書いている二〇一五年の冬、いよいよ退蔵院の本堂の襖絵に彼女は着手しているはずだ。この取り組みに賛同する寺社が少しでも増えてくれれば、若いアーティストたちもアートマーケット一辺倒ではない生き方が選択でき、多くの伝統的な技術を持つ職人たちにも未来が残せるのではないかと思っている。

瀬戸内国際芸術祭2013小豆島・醤の郷+坂手港プロジェクト
——離島から日本の未来をつくる

大学時代の講義で忘れられないものがある。ひとつは日本美術史演習。毎週金曜終日、京都近郊の寺社を巡る学外研修だ。あとひとつが、北野先生（確か骨董屋を営まれていたはずだ）による、全く同じに見える作品のスライドを二枚見せて、どちらが真作で、どちらが贋作かを言い当てさせる講義だった。この講義はただひたすら本物は右か左か手を挙げるというものだが、最初はほぼすべての学生が贋物の方に手を挙げるというパターンを繰り返していた。おそらく贋作師たちの編集能力によって、我々のような素人が持つ本物とは何かというステレオタイプな認知パターンを見抜かれているのだろうと妙に感心したことを思い出す。

その講義の中心となった作品が中国の明朝と清朝の山水画だった。高校生のころから、なぜか山水画やブリューゲルの「バベルの塔」へのフェティッシュが強かった僕は、当然の帰結として真贋の判定よりも山水画の持つ図像学や世界構築の理論に傾倒してゆくこととなる。こうして当然のように『崑崙山への昇仙　古代中国人が描いた死後の世界』（中央公論新社）や、博山炉《はくさんろ》の造形に熱中する。

東北に出張があると、月山や羽黒山に行って山岳信仰の聖地を訪ね、帝塚山学院のゼミでもしばしば紀伊半島の熊野地方へ足を伸ばしていた。

もしこの本の裏テーマがあるとすれば、おそらく胚胎のあと脳が形成されてゆく段階ですでにインストール済みの地形への趣向と、それを実践に移すプロセスの記述であるかもしれない。誰かに教えられるわけでも、本を読んだわけでもない幼児期からの山塊好きと周縁好きに関しては、マイケル・S・ガザニガ著の『〈わたし〉はどこにあるのか?』(紀伊国屋書店)に記述されているように、遺伝子のパイプを伝ってどこからか僕の脳にもたらされたのだと考える方がしっくりする。

結果的に僕が関わったすべてのプロジェクトに共通するのは、与えられた地形を再

小豆島にある醤油蔵。なかには江戸時代から受け継がれた木桶を使う蔵元も

編集しながら、新しいネットワークを形成する方向と、与えられた人材というネットワークを再編集しながら、新しい地形を生み出すという循環サイクルから誕生する世界構築のプロセスに他ならない。

二〇一〇年の瀬戸内国際芸術祭に参加したうみあかりプロジェクトを無事に終えた僕は、助成金をいただいたライオンズクラブの食事会に参加した。そこでほんの一、二分短いスピーチを行ったことが最終的に三十億円以上の経済効果を生んだ二〇一三年の小豆島・醤の郷＋坂手港プロジェクトに繋がってゆくのだから、これはもう運命としか言いようがない。

そして出逢いはいつも唐突にやって来る。この時もそうだった。簡単な挨拶をして食事をしていると、当時小豆島で輸送や建築会社の会長をしていた藪脇元嘉氏が、一参加者に過ぎない僕の横に跪いて、「次の芸術祭には私の地元もぜひ参加したいので一度醤の郷を見に来てくれないか」と、突然の懇請を受けてしまった。少し驚きはあったものの、見に行くだけならいいですよとなり、彼の誘いで島の小料理屋で地域の有力者の方々と会食をすることになる。

その会食をきっかけに、何度か醤の郷に伺っては地元の希望を聞くことが増え、現・小豆島醤油共同組合の会長である武部一成氏に誘われて、藪脇氏ともども大阪で何度か会合をした。そうこうするうちに藪脇氏から「地元出身で京都造形芸術大学で学んだ黒島慶子さんという女性がいるので、ぜひ会ってほしい。彼女が醤油蔵や山岳寺院を案内します」と紹介された。いつもながら不思議で仕方がないのだが、今回も自分が何もしなくても事が進行するロールプレイングゲームに乗っかっているような状況が発生してしまったのだ。

世間的には努力とか根性とかがもてはやされるのであまり言いたくはないのだが、僕の人生は概ね誰かが書いたロールプレイングゲームに乗っかって、自分の意志より誰かのお願いによって「なりゆきまかせ」で進行するパターンが多いように思う。その時に湧き上がった大波に逆らわず、与えられた条件の癖を読んで瞬時(アジャイル)に適応(アダプテーション)する。これまでも無駄なエネルギーは極力避けたエレガントなプロジェクトが長続きしている。こうしてどんどん力のあるアイテムを持った

地域住民、観光客、クリエイターらの交流場「Umaki Camp(ウマキ・キャンプ)」

キャラが登場し始めた。

なかでも黒島さんは飛び抜けていた。京都造形大の情報デザイン学科を数年前に卒業したとの話だったが、卒業制作が地元の醤油産業の活性化だった。彼女は卒業後、デザイン会社勤務を経て醤油ソムリエやオリーブソムリエとしてもすでに活躍し始めた段階だった。最も驚いたのは彼女の「闘魂」と「怒り」だ。なぜこんなに素晴らしい醤油産業がある地元を誰も知らないのか！　なぜ初回の瀬戸内国際芸術祭にこの地域が参加しなかったのか！　なぜ地元は団結しないのか！　どんどん怒りと愛が噴き出して止まらないのである。まさに小豆島のジャンヌ・ダルクが目の前に立っているような錯覚に襲われた。こうなったら「なりゆきまかせ」モードは棚上げにせざるを得ない。

ホストとゲストが混ざり合うレジデンス

いきなり僕の前頭葉スイッチは、めったに顔を出さない「悪いようにはしないから」モードにワープしてしまった。商工会から依頼されていたゆるキャラのデザインも、カラー舗装の色選定も、表通りのサイン計画も全部放り出し、二〇一三年の瀬戸内国際芸術祭と連動した壮大な町の将来計画の設計図を書くことに腹をくくる。予算はその企画書作成と将来を見越した地域のスマホ用アプリ開発に振り向けた。この段階ですでに町の有力者から、空き住宅や町の施設の候補をもらい下見も終えていたこともあり、そろそろ実務チームを投下しても双方に迷惑をかけることもないとの判断をして、DESIGNEASTというデザインを通したコミュニティづくりの素晴らしいシステムを立ち上げたばかりのUMA/design farmの原田祐馬君を「おもしろい場所があるから行かないか？」と誘い出した。

そして原田君とともに事務所をシェアするMUESUMの編集者多田智美さんも合流して、黒島さんに紹介されたヤマロク醤油、小豆島食品、カフェEATや碁石山などのスポットを一気に巡って結束を固めた。ほどなくして僕の地政学を彼らに委託して企画書を商工会のメンバーにプレゼンテーションを行う機会を得たのだ。

ここでまた運命の出逢いに遭遇する。小豆島町長の塩田幸雄氏である。塩田町長とのファースト・コンタクトは、今や清水久和氏の作品「オリーブのリーゼント」の守り神として有名になった農家の石井岩男さんたちが来島者へのもてなしとして育てていたお花畑で、藪脇さんと黒島さんとともにご挨拶したことがきっかけとなる。

その時は芸術祭にも、我々一行にも関心はなさそうで素通りといった印象だったが、数か月経って再びお会いした時に突然モードが変わったことに驚愕した。「先生の企画はすべて実現しましょう！」と。単にアートを配置するのではなく、高速光ファイバーの設置や電気自動車の導入を始め、フェリーの航路変更など大規模なインフラ整備を伴う企画とともに「観光から関係へ」という社会改革にも近いコンセプトを瞬時に理解し、一切の注文もつけずに全部実行すると断言した町長に、久々に政治が生きているという実感を得ることができた。

おそらく町長は僕と会った後にディレクターの北川フラム氏やベネッセホールディングス会長の福武總一郎氏と会談を持ち、全面的に瀬戸内国際芸術祭というシステムを理解されたのだろう。ほぼ同時期に小豆島町でリサーチに入っていた僕は北川氏からエリアディレクターを任せるとの連絡を受けることになり、藪脇さんの藁一本から始まったプロジェクトが大きなうねりとなってゆくことになる。詳細は共著の『小豆島にみる日本の未来のつくり方』(誠文堂新光社）をご一読お願いしたいが、現在アート・デザイン・建築が手を組んで地域問題解決の一助となるケースが全国で目白押しなので、参考までに僕のチェックリストを記述する。

①地域から自発的な要請がなければ動かない
②人が集まることを嫌う人も多いことを自覚し、無理は絶対にしない
③一時的なインベントではなく持続可能なプログラム（関係）を組む
④プロジェクトの哲学を、主たるステークホルダー間で常に確認する
⑤次世代を担う若手が数多く参加できるように、無料のレジデンスを確保する

⑥地域の第一次産業に着目し、オーガニック素材と食の可能性を最大化する
⑦アート・デザイン・建築・パフォーマンスなどを自律的に配置する
⑧プロジェクトに見合う適性予算を確保する

実際のところ我々全員の予算規模は、他のエリアにあるたったひとつのオブジェよりもリーズナブルという状況だったが、町の設備としてトイレなどのインフラ整備を始め、「地域おこし協力隊」の予算を使ってスタッフを雇用するなど大胆な予算措置を間髪入れずに投入した。谷康男町議や町の職員、そしてそのご家族まで総動員で我々を影に日向に応援するという態勢が、ふと気がつくとできあがっていた。またウルトラファクトリーを指揮していたヤノベケンジ氏も強力な支援態勢で巨大な作品を製作開始。ジャンボフェリー株式会社の加藤琢二会長は会社として船上に設置する作品を発注してくれた。最低限の予算ではあったが、誰もが意気に感じてこのプロジェクトの搭乗員になって『ONE PIECE』のような冒険譚が始まったのだ。こうしてプロジェクトが動き始めると、DESIGNEASTに集まった若手のデザイナーや建築家が次々に小豆島に入るようになる。まさに口コミ状態で仲間が増え続け、とうとうお互い知らないメンバーがたくさんレジデンスに集まってくるようになった。まさに雪だるまのようにどんどん大きくなっていったのである。ほんとうにひとつひとつのプロ

ジェクト・ディテールをお伝えできないのが残念なのだが、最も大きな影響があったと思われるレジデンスについてだけ触れておく。

休眠状態だった坂手港のサイクリングターミナル、エリエス荘の再生だ。このようなプロジェクトにクリエイティブな仕事に従事するスタッフを集める方法はズバリただひとつ、高速WiFiが用意された自炊可能な長期滞在施設があるかどうかなのだ。これさえあれば通常は東京を拠点とするウェブデザイナーであっても、夏の二週間をサバティカル（長期休暇）として海沿いの気の置けないリゾート地で仕事することは十分に可能である。ミーティングはスカイプがあれば問題なく、重いデータも簡単に転送できる時代の新しい暮らしを提案すれば、地域に最先端のデザインファームを次々に誘致することは可能だと考えていた。

僕自身は東京にメディアが集中することが地方衰退の最大要因であると考えているし、特効薬などありはしないと悲観的な人間だ。メディア産直の東京で毎日仕事をしていると確かに好都合なことが多いし、途切れ目なく仕事はやって来る。しかしそんな暮らしをしていると、どこかでリセットしなければという強迫観念も常に襲ってくるのも現実。地方にメディアが自立することは夢のまた夢だとしても、東京以外にもノマドオフィスがあって、ランニングコストがかからなければ世界中で仕事をするワクワク感を必要とするクリエイターは山のようにいると確信するのだ。エリエス荘の数メートル先には輝く瀬戸内海が広がり、岸壁から飛び込んで泳いだり、カヤックに乗って満月の海に漕ぎ出し、タコや小魚を食卓に乗せる歓びは何物にも替えがたい。

こうしてエリエス荘は、誰がホストで誰がゲストなのか正体不明の酒盛りの場ともなっていった。塩田町長や谷議員をはじめ坂手港のオヤジたち、町の職員モッシャンこと唐橋幹隆さんや碁石山の住職大林慈空さん、なかなか東京でも会えない森美術館館長南條史生さんや友人でありロフトワーク代表の林千晶さん。そして林さんが誘ってくれたMITメディアラボ所長の伊藤穰一さんも飛び込んで、ワイワイ無礼講で語り合う気の置けない空間（インフォーマルセクター）が、小さな瀬戸内海の港町にタンポポの綿毛のようにふんわりと着生したのだ。

旧JAの建物をリノベしたクリエイター・イン・レジデンス「ei」に集うクリエイターたち

アルトテック――イノベーションが生まれるガス雲

二〇一四年、台湾で開催された「TED×taitung」に招かれた。台東市長がアートツーリズムに関心があり、瀬戸内国際芸術祭の小豆島での成功事例を語ってほしいという依頼で参加したのだが、同時に現在取り組んでいる「クオリティ・オブ・ライフプロジェクト」の一環として、現代アートを日常生活の場に根づかせる取り組みのリサーチも兼ねていた。

現在、僕の学科主導で運用を始めた「アルトテック（Artothèque）」（フランス語でアート作品の図書館の意味）がそれに当たるのだが、オーストラリアなど先行事例も多く、若手育成のプログラムとして各国で取り組みが始まっている。海外では「アートバンク」という呼称で若手アーティストの作品を買い上げてプールし、公共施設や企業などに貸し出す社会活動の意味合いが強く、大きな公的資金が投下されている。

ところで僕がなぜこの活動を手弁当で始めたのか。その理由は、芸大で卒業後の進路の指導や相談に当たっていて感じる大きな疑問に端を発している。僕が現在学科長をしている美術工芸という分野には、まともな内需マーケットが存在しない。まず自然な内需が存在し、その商品が魅力的なことによって世界の関心を集め、徐々に輸出に繋がるという自然発生的な循環サイクルがこの業界には存在しない。もちろん他の業界でも大なり小なり大学を出てそのまま研究の延長にある業界でキャリアアップを図る人数は限られてはいるが、この産業にはわずかな内需も世界と繋がったマーケットもほとんどないのだ。

理由は極めて明快だ。世界で一番美術館に行く国民が世界で一番作品を買わないからだ。要するに隣で若者がレタスを栽培しているのに、誰もその若者のレタスを買わず大きなスーパーマーケットに山積みされた海外の野菜に群がるのである。現在、日本のGDPは世界の二〇%程度あるのに比べ、日本人がアートを買う金額は驚くべきことにGDPの一%にも満たない。江戸時代には浮世絵をはじ

京都経済同友会事務局にて、作品入れ替えの様子

め、高度な美術品や工芸品が巷に溢れていたにも関わらず、二一世紀の日本は文化にまったくお金を使わなくなった。

我が家はごく普通の公務員の家庭だったが、父が上司からもらったという漢詩の掛け軸などが袋戸棚にはゴロゴロあって、なかには頼山陽（江戸後期の儒学者）のものも混ざって季節ごとに床の間を飾っていたことを思い出す。いつしか江戸庶民の軒下にあった「美」は、「芸術」という名前で権威化され、画商と呼ばれる怪しい人々が政治家へのギフトとして右へ左へパスをする腐った卵に成り果てていたのだ。

なぜ現代の日本人は美術作品の購入に関心を持たないのか。その奥底にはさまざまな要因があるにせよ、この業界が明治以来腐敗していったプロセスを見抜かれているともいえる。漫画やアニメを生み出す人々が、誰もが理解できる公正なフィールド（読者が離れたら即連載打ち切り）で闘っている横で、権威と税金に守られて佇む我々の姿は、どう逆立ちしても後ろ暗いのだ。

参考までに述べるが、第二次大戦の廃墟から復興する時、ドイツ銀行は自国の若い無名のアーティストたちの作品を買い支え、企業価値を天文学的に高めることに成功した。昨今日本人は何かと中国のことを悪くいうが、中国の富豪は中国人のアーティストの作品を熱狂的に買い続けている。しかるに我が国の富裕層が無名の若い日本のアーティストを支えているかといえば、片手にも満たないという心細さである。相変わらずの印象派礼賛とドメスティックな画壇を美術界だと考えているようだ。

とはいえ、作品を売って生きてゆく、作品を買って人生を豊かにするという循環が、素晴らしい自然や食に恵まれた緑の島に少しずつ現実化することは不可能ではないはずだ。こうして学内で孤軍奮闘していると、ゼミ生や卒業生のなかに僕に同調する若者がどんどん加わってくれるようになった。

幸いなことに、僕のようにはっきり物を言い、行動に移すタイプの教師のもとには、腹をくくった学生が馳せ参じる。高校時代オーストラリアで過ごし、僕のゼミを

京都信用金庫役員室に飾られたアルトテックのリース作品

出たY。大学四年生で韓国から留学し、高校時代は中国で学んだK。大学二年生で台湾から留学してきたTが台北でのリサーチに参加してくれた。そして現地では、大学院を修了しアート関係の仕事に就いた二人の台湾人女子学生が、素敵なレストランでもてなしてくれた。メンバーは、全員日本語はもちろん、英語と韓国語と中国語を操り、柔軟なマネージメント能力を持っている。もとはといえば、アーティストの一人旅。この随行メンバーはオーバー・クオリティだよなと我ながら笑ってしまったが、誰も指示を待つことなく笑顔でビシビシ仕事をこなす。アルトテックのウェブサイトの運営でも彼女たちが僕の原稿を英訳し、ロンドンの友人が瞬時にネイティブチェックをして転送してくる。自ら美術館や関係者にアポを入れ突撃取材を敢行する。いやはや東アジア国際女子チームのパワー恐るべしである。

加えてこのリサーチは、Kの卒業制作として英文での出版を予定しており、芸術大学の四年生の卒業研究のレベルをはるかに越えるものとなる可能性が十分にある。詳細はその出版を待つとして、若手育成のために国が作品を系統的に買いつけ、それを公共施設や企業で広く市民の目に触れるように手助けするという社会貢献に対し、台湾政府は年間一億五千万円もの予算を二〇一三年から計上して計画的に若手を育成する取り組みを始めたという。美術館がきちんと収蔵管理してアートが身近にある環境づくりに邁進しているのである。

日本の企業は少し景気がよくなると一発屋のアワードで数百万円の賞金を出して売名行為

に走ることが多く、国内顧客もいないのに上っ面だけのアートフェアを開催したりする。もちろん政治家がころころ変わり行政マンも三年で異動する日本政府というシステム自体が、未来を生む稚魚育成のインフラ整備にはまったくといっていいほど向いていない。

先ほどの台湾でのプロジェクトには日本の学生はインターンで参加し、目の覚めるような働きを見せてくれたが、日本的な意味での成功には遠い存在だ。縁故採用の蔓延《はびこ》る日本企業は遊撃手《ゆうげきしゅ》である彼女たちの才能を発揮させるポジションを用意できないだろう。また彼女たちもそれを望まないに違いない。はっきりいえば、画一的な日本教育のなかで浮き沈みしながらも世間に従属しなかった「はみ出し者」と、国際色豊かな留学生たちが数名集まった奇妙な集団がイノベーションを起こそうと企てに参加したのだ。

無名の作家を見出す

という厳しい現実を指摘したうえで、海のものとも山のものともわからないが、かすかな朗報があるので事実のみ報告しておこう。ちょうどこの本が出る頃には、京都で初の現代アートの国際芸術祭「PARASOPHIA（京都国際現代芸術祭2015）」が開催されている。そのアウトリーチ活動としてこのアルトテックを運用しているのだが、その甲斐あって徐々に京都経済同友会のオフィスや京都信用金庫の役員室で、学生作品をリースで受け入れていただけるようになった。また数年前から取り組んできたロンドンのRCAに習った卒業制作展のアートフェア化も徐々に浸透し、完売する学生も出現している。

いままでは売れないことを口実に社会の責任にしていた学生が、隣で一生懸命自作を語る仲間の作品が売れ始めると急に未来を真剣に考えるようになってきた。「卒業したら家業を継ぐ」と言っていた学生も大学院に進学を決意。フリーズアートフェアとロンドンのアートシーンをリサーチしに自発的に十名弱の院生があり金をはたいて飛び立った。三月のアート・バーゼル香港には、一年生から院生まで三十名近くの学生がリサーチを希望して僕に同行した。日本の若者たちには意欲がなく、未来に価値を見出していないというのは、巧妙なプロパガンダなのかもしれない。不勉強で怠慢な我々大人が、自らの矮小な経験を引き合いに彼らの目を強引に安全地帯に向けていただけだとすれば、それは大きく不可視な罪と言わずして何であろうか。

功成り名遂げた作家の作品を買うことは、資金さえあれば誰にでもできる。しかし、無名の若い作家を見出し、その立ち上がりを支えることは、誰にでもできることではない。なぜなら全責任が自らの決断にかかってくるからなのだ。なぜ日本の経営者がこの行動を取らないのか？　皮肉を言いたくはないが、日本型経営とは、決断しないことによって逆説的に問題を先送りして解決することではないかと危惧する。

すべてのイノベーションは周縁の特異点で新たな銀河のように蠢《うごめ》いている。中心にあって資金も制作も運用できる立場にもしあなたがいるのであれば、少しだけ解像度の高い望遠鏡を持ち出して、エッジで起こっている事象に目を向けることをオススメする。アートの醍醐味はエスタブリッシュメントされた作品にあるのではなく、若い作家が誕生するガス雲のなかに漂っている。

第八章

「変人革命」が世界を救う!?

伊藤穰一（MITメディアラボ所長）× 林千晶（ロフトワーク代表取締役）× 椿昇

伊藤穰一（いとう・じょういち）

MITメディアラボ所長、ベンチャーキャピタリスト。一九六六年、京都府出身。幼少期を米国で過ごす。タフツ大学でコンピューターサイエンスを、シカゴ大学で物理学を学ぶもいずれも中退。Twitterや Flickrなど有望ネットベンチャー企業を支援し、日本のインターネット普及にも絶大な影響を及ぼした。二〇一一年九月、MITメディアラボ所長に就任。

林千晶（はやし・ちあき）

ロフトワーク代表取締役。一九七一年、アラブ首長国連邦生まれ。ボストン大学大学院ジャーナリズム学科修了。二万人が登録するクリエイターネットワークを核に、多くのデザインプロジェクトを手掛けるロフトワークを起業。デジタルものづくりカフェ「FabCafe」などを展開中。二〇一二年より、MITメディアラボ所長補佐を務める。

クリエイティブ・カオスの創り方

勘の良い読者はすでにお気づきだと思うが、創造性はある種のカオスから生まれるというのが僕の持論だ。猛スピードで変化する世界で生き残るには、混沌たる状況からイノベーションを起こし続けなければならない。そのような「クリエイティブ・カオス」が生まれる場は、どのようにつくればよいのだろうか。この章では本書のまとめとして、スペシャルな鼎談をゲリラ的に敢行した。ご登場いただくのは、イノベーションといえばこの方、MITメディアラボ所長の伊藤穰一さんと、ロフトワーク代表取締役であり、伊藤さんの補佐役も務める林千晶さん。分刻みの多忙なスケジュールのなか、ロフトワークの株主総会の空き時間に快く取材に応じてくれた。MITメディアラボは、世界的な影響力を持つイノベーターを数多く輩出し、全米大学ランキングに必ずランクインする言わずと知れた超一流大学。伊藤さんは研究所の日本人初の所長を務める。また、林さんは世界中のクリエイターとクライアントを結びつけ、ウェブサービスなどを展開するロフトワークを起業し、クリエイティブ・プラットフォームづくりを日々実践している。グローバルに活躍する二人の口から飛び出した、「学び」を変える驚きのキーワードとは？

椿　二〇〇六年に、僕はMITメディアラボのレジデンスに約二週間滞在しました。何に一番びっくりしたかというと、ラボの周辺にあるクリエイティブ・カオスの強さです。MITの学生や卒業生が、周辺にいっぱい住んでいて、古い工場を次々にハックして、払い下げられたIT機材を持ち込んでラボをつくっていたんですよね。そんななかでＤＩＹムーブメントの火付け役の『Make:』制作チームとも出会いました。こうした〝周辺の豊かさ〟が日本ではなかなか生み出せない。日本では異業種交流会というものが、よくありますよね。カンファレンスに行って、パワポのプレゼンテーションを見て勉強した気になるという形ばかりの会で、ダイナミックな動きが出てきません。やはりクリエイティブな場をつくるには、ミッション、タスクがないとダメだと思います。伊藤さんは創業間もない企業にも積極的に投資されていますけど、そんなファンドマネージャーも必要。場所だって、ラボやファクトリーであるべきだと思うんです。お喋りしながら、すぐにホワイトボードにプランを書いて、モックアップ（デザインの試作に使う模型）が作れる空間じゃないと。

林　いまの話を聞いていて、Ｊｏｉ（伊藤氏の愛称）がよく言う「ラーニング（学び）を変える四つのＰ」を思い浮かべました。

伊藤　プロセス、プランニング……。

林　違う！　また冗談言って（笑）。それは古いやつ。新しい四つのＰを教えてください。

伊藤　プロジェクト、ピアーズ（仲間）、パッション（情熱）、プレイ（遊び）。「プロジェクト」を通して、「仲間」と「情熱」を持って、「遊び」ながら学ぶということが重要だと思っています。とにかく「作る」というのはＭＩＴの遺伝子で、卒業生も途中で辞めた人もみんな持っているよね。最近ＮＨＫの番組を見たら、日本の一〇代、二〇代の若い子は未来に希望が持てない人が多いと言っていました。希望が持てないと、クリエイティブなことはできないと思うので、パッションやモチベーションをどうやって与えるかが大きな課題だと思います。しかも、パッションといっても、ただ楽しければいいというわけでもない。世界一のことをやろうというクリエイティブ・プレッシャーも必要です。

椿　そのクリエイティブ・プレッシャーが大事な気がするんですよ。あとは、やはりマネー。僕のプロジェクトは関わる学生には必ずお金を支払います。たとえば、「PARASOPHIA」の告知をしてくれというミッションがあって、予算が三百万円ある。そのタスクに到達目標を設けて締め切りまでにフィニッシュするぞと言って、学生をがーっと集めてブレストするんですよ。このブレストで「Yes and ...」形式のアイデア出しをします。自分と違う意見があっても「NO」と言わない。「YES」とまず受け止めて、クリエイティブな意見をどんどん出していく。クリエイティブな意見を出さない人はプロジェクトからすぐはずします。そういう緊張感と速度感のあるラーニングシステムが必要だと思う。

学校以外の時間を変えられるか

伊藤　椿さんは学生中心のプロジェクトが多いの?

椿　卒業生とも一緒に仕事しますね。ラーニングシステムを変えたいというのがライフワークだから、比較的若い人を抜擢して登用することが多いです。もうひとつ伊藤さんに伺いたいのは、ワークショップについてです。僕はよくワークショップの現場に呼ばれるんですが、みんなが最初からワークショップの結果を想定していて、完成見本まで用意してあるんです。本当は、新しい気づきや失敗から「次」をつくるためにやるのに。どこかで根本的なチェンジが起こらないと、この国のクリエイティブは非常に厳しい状況に置かれますよ。

伊藤　なるほど。それを、学校を〝変えないで〟できるかどうかでしょうね。アメリカも同じで、学校ってなかなか変えられません。だから学校以外の時間をどうするかがポイントになるんです。テレビやゲームの時間をどういうふうに変えるか。今はインターネットがあって技術的に可能だから、共通の興味を持った仲間をつくって、プロジェクトを始めることもできる。大人のメンターとか学年が違う学生と一緒にね。同じ年齢で、同じ学校の人たちとだけ遊んでいると、人との出会いのサンプルサイズ（標本数）が小さくなってしまうから。日本ってクラブ活動ですら学年で割ってしまったりしますよね。そういうのも本当は大人から子供まで全部いた方がいいんです。

椿　日本でも総合的学習で、学校と地域の交流や、学年を越えた子供たちの交流がスタートしたけど、受け皿がないままだったから惨憺たる状態でした。江戸時代の寺子屋みたいな受け皿をつくりながら進めればいいんですよ。廃校をリノベした「3331 Arts Chiyoda」（東京都千代田区）のような若い人の活動の拠点となる新しいスペースはずいぶん生まれてきていますから、学校の機能を一部移管してみるのもいいんじゃないかと思うんです。いまや中学の美術は週に一時間。それだったらない方がいいですよ。だって、ファッションや建築の授業はないんです。美術の授業をなくせば、もっとアートスクールに行く人が増えるかもしれない。そのお金を全部オルタナティブな組織に振り分けて、分散型で独自の教育をやっていった方が多分日本全体のクリエイティビティが上がるでしょうね。

もはや〝変人〟しか価値がない

林　ＭＩＴメディアラボへの入所は標準テストがなくて、出願書類で関心のある分野を三つ挙げることになっているんです。「どこも受け入れてもらえなかった人だけメディアラボへどうぞ」というくらいの変人しか採用しない。以前「クリエイティブ・コモンズ」[*1]〔米国NPO〕の創始者ラリー[*2]〔ローレンス・レッシグの愛称〕にインタビューした時、著作権法は変わると思うか聞いたら「ほぼ無理。でも負けるとわかっていても、戦わなきゃいけない戦いがある」って言われたんです。今のシステムを動かしている仕組みとか、ビジネス、学校システムって、巨大で、それを変えようとするのってある意味「負けるとわかっている戦い」ですよね。それに対して、私たちのやっていることって〝変人〟の新しい試みで、おもしろいとは言われるけど、Ｊｏｉがよく言う「変人革命」ってうまくいくのかしら？

伊藤　人工知能のロボット対人間で、そのうちロボット人間みたいな人はいらなくなっちゃうよ。

林　ロボット人間ね（笑）。

伊藤　だって、ロボットの方がきっちり仕事するからね。日本は今までロボット人間をつくってたんだよ。しっかり者のお利口さんとか。

林　夜遅くまでずっと働き続けられる、とかね。

伊藤　それはむしろ、ロボットの方が得意だから実はとても危機的なこと。これからはロボット人間はいらなくなります。もはや変な人間しか価値がない。

椿　イノベーションってまさにそれだと思うんですよね。イノベーティブっていうことは変人でしょう。でもプロパガンダで「変人じゃ生きていけない」とみんな思い込まされているだけ。ロールモデルを示せばもう少しフォロワーが出てくるような気がするんですよ。いま一番よくないのは、ロボット人間をロールモデルにしてしまってる。横並びで就活することとか、一流大学を目指すとか。もうちょっと違うビジョンを見せたいなと思って、この本を書いたんです。

林　日本人に変人のロールモデルを示したら、その変人をそのまま真似するロボット人間になったりしそうですよね（笑）。Ｊｏｉの真似をして、ＤＪしたり、大学を中退してみたりとか。

伊藤　答えを教えてしまうとロボットになってしまうよね。もう、お坊さんの公案の世界だよ。悟りを開くためには、「悟れ」と言ってもしかたがない。それと同じで、「クリエイティブになれ」と言われてもクリエイティブにはなれない。形を真似しても意味がなくて、一緒に遊んだり、暮らしたりするなかで心をデザインしていくものです。心のデザイン力ってスケーラブル（拡張可能）じゃないんですよね。だから教育って難しい。宗教の悟りや瞑想の方法を見ると、ヒントがありそうだけど。

林　悟りや瞑想の方法は、もともと日本にあるものなのに、どうしてこうなってしまうのかしら。

伊藤　強制的に拡げようとすると、薄まってしまうよね。教育も同じで、大きな建物を建てて、そこで人をたくさん教育するというのはとても難しい。なんとなくカオスのなかで一緒に遊んだりするうちにいろんなものが出てくるんじゃないかな。

空間が思考と行動を変える

林　私は「体験」が大事だと思います。日本の教室って、「正しい答え」がわかっている人しか手を挙げませんよね。他の人はシーンとしていて、「お前本当にわかってるのか？」と思っていたり、答えがはずれると「わかんないのに手を挙げるなよ」と思っていたりします。反対に、アメリカではみんなが手を挙げて、質問と全く関係ないことでも平然と答えます。「俺もそれに絡めて言いたいことあるんだけど」と、脱線してそこから話を拡げていくんです。これを十数年積み重ねていくと、ずいぶん違うと思いました。正解を言わなくてはいけないと思うから、「私にはあてないで」となるんですよね。でも世の中に出れば、「正しい答え」なんてありません。そんな答えを探すことより、それぞれの体験のなかから見えてくる世界が大切だと思うんですよね。

椿　僕はそのときに、場のつくり方が大事だと思っています。オフィスでも対面型は絶対にダメ。脳が動かないから。もうちょっとランダムにするとか。席もT字型にするとか工夫が重要です。

林　オーディトリアム形式（多数の聴衆に向けて講義を行う形式）の講義を調査してみたら、講義中は寝ているように脳波が動いていませんでした。大学の講義も寝てたっていう人が多いのに、世界中でこのやり方が続いています。みんな個人単位ではそれじゃダメだと思っているのに、世界レベルではそれがまるで正しいことのように行われていることって山ほどあります。こういう「意味がないよね」と思いながら当たり前になってることを「それは違うんじゃないの?」と疑うのが椿さんのやっていることだったり、MITメディアラボの役割だと思うんです。

椿　林さんたちが立ち上げた「FabCafe Tokyo」（東京都渋谷区）もまさにそうですよね。あそこに行くとアイデアが出るということがあると思うんですよ。

林　まさに。この間、韓国で「人をクリエイティブにするための空間」というテーマで、パネルディスカッションに参加しました。登壇者の一人に、スウェーデンのヴィトラ・スクール[*3]〔私立学校〕をデザインした建築家のローザン・ボッシュがいたんです。彼女も「空間が人の思考法やムードを変える」と言っていました。マーシャル・マクルーハン[*4]〔カナダの文明批評家〕の「The media is the message（メディアはメッセージである）」と同じで、メディア自体がメッセージを持つように場自体に人の行動を引き出す力がある、ということなんじゃないかと思います。

「変人革命」を起こそう

椿　僕の授業では思考転換のために、ハンドレッド・ドローイングといって毎週最低百枚のドローイングをこなし、そのイメージを魅力的にプレゼンするために、シンプルな素材を使ったモックアップ（模型）を制作させます。教室にはきちんとしたものは置かず、ソーホース（作業台）に板だけ用意しておく。壁は全部ホワイトボードにして、いつでも書けるようにする。それをするだけでみんなが喋り出します。手が挙らない日本の教室って監獄と一緒で、教師は看守なんですよね。あれをなんとかしないと。教壇に立った瞬間にシーンとなって、アイデアを出すことを封殺する。こういう監獄で育つと、ますます意志と意欲を持たないロボットになる。未来に希望をつくらせないようにしているようなものです。もうまるでSFのどこかの星のよう。伊藤さん、最後にこの国の「変人革命」について、ひと言お願いします。

伊藤　日本って変な人がうまい具合に生き残れるスキマがありますよね。大学もそうだし、オタク文化があったりします。

林　椿さんがこうして本を書き、大学で学科長を務めていること自体が、日本の寛容さを表していると思う。

椿　確かに（笑）。

林　案外変人は生きやすい国なのかもしれない。

椿　それをもっと若者に言ってあげたいですね。

伊藤　ただ日本では変人がエンターテイナーとして扱われている節があるよね。仲間だと周りから思われているかは怪しい。アメリカ人はテレビを見ていても、自分とアイデンティファイしたがります。つまり、黒人は黒人のドラマを見て自分と同一視するのが好き。でも日本だと変な人がテレビに映っても「自分とは違う」と、笑って見ているだけでしょ。大学の先生もそうですよね。椿さんを見て、椿さんになりたいというよりは、おもしろいと思われて、話のネタになる可能性もある。

椿　そこからどう出たらいいですか？

伊藤　エンターテインメントで終わらないように、自分のワールドに引き込まないといけないかもね。

林　変人と地方の組み合わせはどうでしょう？　いま日本の地方がおもしろいけど。

伊藤　地方に行っても、みんなと違うことをしないとね。放っておくと同じになってしまう。だから自分のなかの「変人」をなるべく早く見つけて、育てることが一番重要じゃないかな。四十歳になって、みんなと同じことしかできないのが、最大の危機ですよね。ロボットみたいな人間が、本物のロボットに消される危機の方が、変なことをして叩かれる可能性よりも大きいと思う。

椿　よし、変人培養地を日本中につくろう。どうもありがとうございました。

*1　クリエイティブ・コモンズ　新しい著作権の普及を目指し、クリエイティブ・コモンズ・ライセンス（以下CCライセンス）を提供する国際的非営利組織とそのプロジェクトの総称。CCライセンスを使用することで、著者は著作権を保持したまま自由に作品を流通させることができ、受け手は作品を改変したり、再配布したりすることができる。

*2　ラリー・ローレンス　知的財産権を保護することは、ひいては創造性を奪うことになると危惧し、二〇〇一年にクリエイティブ・コモンズを設立した。

*3　ヴィトラ・スクール　スウェーデン、ストックホルムにある六歳から十六歳までの子供たちが通う学校。教室、学年、入学試験などがなく、生徒たちは自由意志でカリキュラムを組むのが特徴。

*4　マーシャル・マクルーハン　文明批評家。『メディア論　人間の拡張の諸相』で、メディアが現実を異なるかたちに再構築するのであれば、フレームや形式に目を向けるべきだとした。

あとがき

執筆が佳境に入る頃、今年の一月下旬からインドのケララ州コーチで開催されたビエンナーレに赴き、そして二月は新作「鸚鵡《おうむ》図」の発表と、京都造形芸術大学美術工芸学科の卒業制作展。三月に入ってPARASOPHIA（京都国際芸術祭）の開幕、そして卒業式の翌日には、学生三十人弱と現地集合してアート・バーゼル香港の入り口に立っていた。

こうして振り返ると、たった三か月の間に実に濃密なアートな時が流れていたことに気づく。不思議な人たちとの交友や人生の出逢いを気ままに書いてきたけれど、ふと気がつくと、やはり朝から晩までずっとアートのことしかやっていない自分がいる。ほんとうにアートとは何だろうと執筆を終えて何度も反芻するのだけれど……輪郭は相変わらず不明瞭なままだ。

でもはっきりいえることは、僕は俗にいう「作品」を作っているだけではないということだ。自己と作品が渾然一体となって、その周囲にエレガントな循環システムが発生する状態を生成させようと、気ままな電子のように振る舞っているのだと気づく。

高校生の頃からセザンヌのセントビクトワール山のシリーズが好きだったが、作家となってジャン＝マリー・ストローブとダニエル・ユイレの『セザンヌ』という映画を見てより深く彼を理解することとなった。彼は途切れ途切れの筆をカンバスの布を隠さないように掠《かす》らせながら、実は上昇気流を生み出す地形を含む循環システムに言及していたのではないかと考えるのだ。それはもはや絵画でも言説でもなく、直接視覚化することを拒む大きく豊かでエレガントな循環システムへの敬意だったと感じる。

この想いに加えて、コーチのビエンナーレに少し触れて終わりたい。

今回で二回目となる後発のビエンナーレだが、バスコ・ダ・ガマ終焉の地の持つ圧倒的な歴史と遺物と混沌。そしてインドの天文学や数学の伝統と現代性。コロニアルやポストコロニアルを越えアートが本来持っている力はどこへ向かうのか、人類が生存の基盤としている惑星と今後共生可能なのかという命題が、南インドのケララ州で突きつけられていた。少し安直かとも思えるイームズ夫妻の傑作「パワー・オブ・テン」から始まる展示だったが、おそらくベニスでは鼻白むこの構成が、低俗なゴシップ記事を美術史とささやかな視覚的オブラートで偽装するアート作家や、ジャーナリスティックでポリティカルな扇情的表現で我先にマーケットに飛び出した作家に飽きた思慮深い人たちの琴線に希望の光をもたらしたことは明白だった。

「イスラム国」のニュースが毎日のように伝えられ、新自由主義の無制限な欲望の解除がもたらした民主主義への無力感が漂うなか、もう一度この惑星や人類そのものの存在意義を、数学や天文学という根源的なレベルから問いなおす営為は、この南インドの地を置いて他ではなし得なかったと再認識した。紀元前一世紀から胡椒貿易の中継地として栄え、今も数多くのコロニアル建築がアラビア海沿いに林立し、インド共産党の牙城として度々ゼネストを行うこの街。オープニング時には一〇%程度しか作品が完成せず、貧しい州の予算も底を突いてほぼ手弁当で地元の人たちが支え続けるビエンナーレに、なぜ世界のコアなキュレーターやアートディレクターたちが熱狂するのだろうか……。

とはいえ、この本は決してアート関係者や教育関係者のために書かれたものではない。一人の人間として右往左往しながら生きてきた記憶を、編集者の末澤さんの熱意が忘却の引き出しから呼び出したもので、今を疑問に思う多くの人々への小窓が、あちこちに開いているのではないかと思う。小学生時代からおませだった僕は、子供心に人間の持つ自由と尊厳をどうすれば守れるのだろうかとドストエフスキーやプーシキンを枕に悩んでいた。中学時代のお仕着せ学習に敗退してアーティストの道を選んだが、今回は柄にもなくラップトップで長文を書く暮らしを過ごす快楽を与えていただいたことに心から感謝したい。

歴史好きの僕にとっては、いったん時代の歯車が回転を始めると、良心などはひとたまりもなく粉砕され、多くの血が流れたあとで我に帰る事例しか想起できない。ジャーナリズムが勝手に決めつけて垂れ流す二者択一の物語。アートはこうでなければと思い込んで深い抽象性を手放して狂奔するマーケット。それらはすべて正義が暴力を伴って暴走するエンジンと同じ素材で造られている。世界は複雑で多様性に満ち、問題は永遠に解決されないがゆえに生きる意味もそこにあるのである。

迂遠ではあるが、この本に通底するのは「非暴力」と「対話」への飽くなき五体投地である。ファンタジーと言われようが役立たずと言われようがマハトマ・ガンジーの営為を再度我々全員が確認する時が来ていると思う。

二〇一五年三月　有馬にて　椿昇

"Nonviolence is the greatest force at the disposal of mankind.
It is mightier than the mightiest weapon of destruction
devised by the ingenuity of man."

不服なとき、非暴力は、最も強い武器である。
それは人間の英知によってつくられたあらゆる
武器よりも、強いものである

——マハトマ・ガンジー

参考資料

●書籍

『〈わたし〉はどこにあるのか　ガザニガ脳科学講義』
マイケル・S・ガザニガ著、藤井留美訳
紀伊國屋書店、二〇一四年八月

『物質のすべては光　現代物理学が明かす、力と質量の起源』
フランク・ウィルチェック著、吉田三知世訳
ハヤカワ・ノンフィクション文庫、二〇一二年十一月

『それをお金で買いますか　市場主義の限界』
マイケル・サンデル著、鬼澤忍訳
ハヤカワ・ノンフィクション文庫、二〇一四年十一月

『巨大企業が民主主義を滅ぼす』
ノリーナ・ハーツ著、鈴木淑美訳
早川書房、二〇〇三年八月

『エリートの反逆　現代民主主義の病い』
クリストファー・ラッシュ著、森下伸也訳
新曜社、一九九七年九月

『ネクスト・マーケット［増補改訂版］「貧困層」を「顧客」に変える次世代ビジネス戦略』
C・K・プラハラード著
英治出版、二〇一〇年七月

『未来のイノベーターはどう育つのか　子供の可能性を伸ばすもの・つぶすもの』
トニー・ワグナー著、藤原朝子訳
英治出版、二〇一四年五月

『反乱する都市　資本のアーバナイゼーションと都市の再創造』
デヴィッド・ハーヴェイ著、森田成也、大屋定晴、中村好孝、新井大輔訳
作品社、二〇一三年二月

『コスモポリタニズム　自由と変革の地理学』
デヴィッド・ハーヴェイ著、大屋定晴訳・解説、森田成也、中村好孝、岩崎明子訳
作品社、二〇一三年八月

『21世紀の資本』
トマ・ピケティ著、山形浩生、守岡桜、森本正史訳
みすず書房、二〇一四年十二月

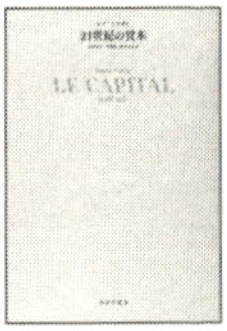

『グローバル経済の誕生　貿易が作り変えたこの世界』
ケネス・ポメランツ、スティーヴン・トピック著、福田邦夫、吉田敦訳
筑摩書房、二〇一三年八月

『金融は人類に何をもたらしたか　古代メソポタミア・エジプトから現代・未来まで』
フランクリン・アレン、グレン・ヤーゴ著、藤野直明監訳、空閑裕美子訳
東洋経済新報社、二〇一四年八月

『資本主義の終焉と歴史の危機』
水野和夫著
集英社新書、二〇一四年三月

『北京のアダム・スミス　21世紀の諸系譜』
ジョヴァンニ・アリギ著、中山智香子監訳、山下範久解説
作品社、二〇一一年四月

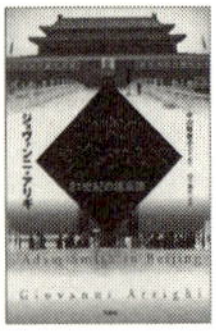

『長い20世紀　資本、権力、そして現代の系譜』
ジョヴァンニ・アリギ著、土佐弘之監訳、柄谷利恵子、境井孝行、永田尚見訳
作品社、二〇〇九年一月

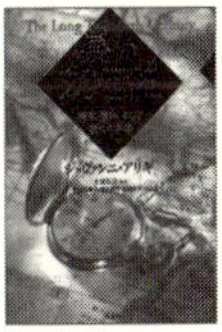

『グローバリゼーション・パラドクス　世界経済の未来を決める三つの道』
ダニ・ロドリック著、柴山桂太、大川良文訳
白水社、二〇一三年十二月

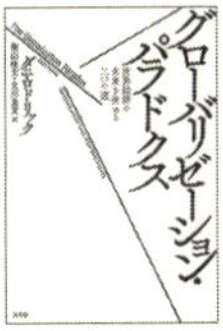

『ミクロ経済学の力』
神取道宏著
日本評論社、二〇一四年九月

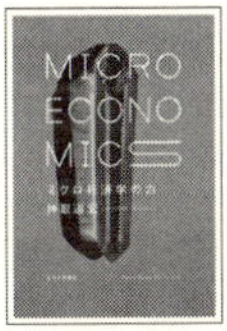

『ポスト・ヒューマン誕生　コンピュータが人類の知性を超えるとき』
レイ・カーツワイル著、井上健監訳、小野木明恵、野中香方子、福田実訳
NHK出版、二〇〇七年一月

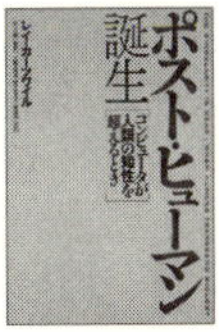

『公案　実践的禅入門』
秋月龍珉著
ちくま学芸文庫、二〇〇九年十一月

『発想する会社！　世界最高のデザイン・ファームIDEOに学ぶイノベーションの技法』
トム・ケリー、ジョナサン・リットマン著、鈴木主税訳
早川書房、二〇〇二年七月

『メイク・スペース　スタンフォード大学dスクールが実践する創造性を最大化する「場」のつくり方』
スコット・ドーリー、スコット・ウィットフト著、イトーキ　オフィス総合研究所監修、藤原朝子訳
CCCメディアハウス、二〇一二年十一月

『小豆島にみる日本の未来のつくり方　瀬戸内国際芸術祭2013小豆島　醤の郷＋坂手港プロジェクト「観光から関係へ」ドキュメント』
椿昇、原田祐馬、多田智美編著
誠文堂新光社、二〇一四年五月

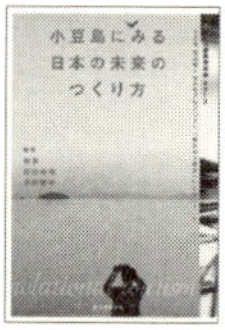

『都市を生きぬくための狡知　タンザニアの零細商人マチンガの民族誌』
小川さやか著
世界思想社、二〇一一年三月

『現代エスノグラフィー　新しいフィールドワークの理論と実践』
藤田結子、北村文編
新曜社、二〇一三年三月

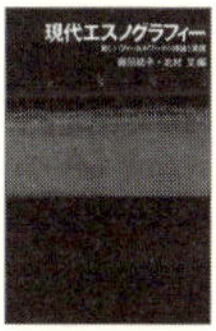

『トリックスターの系譜』
ルイス・ハイド著、伊藤誓、磯山甚一、坂口明徳、大島由紀夫訳
法政大学出版局、二〇〇五年一月

●映画

『ジャマイカ楽園の真実』
ステファニー・ブラック監督
DVD、二〇〇五年十二月
発売元・販売元＝アップリンク

『パラダイス・ナウ』
ハニ・アブ・アサド監督
DVD、二〇〇七年十二月
発売元・販売元＝アップリンク

『ル・アーヴルの靴みがき』
アキ・カウリスマキ監督
DVD、二〇一三年一月
発売元＝ユーロスペース／キングレコード
販売元＝キングレコード

『アクト・オブ・キリング』
ジョシュア・オッペンハイマー製作・監督
DVD、二〇一四年十二月
発売元・販売元＝バップ
提供＝トランスフォーマー

『ハンナ・アーレント』
マルガレーテ・フォン・トロッタ監督
DVD・Blu-ray、二〇一四年八月
発売元・販売元＝ポニーキャニオン

【著者紹介】 椿昇（つばき・のぼる）

現代美術家。京都造形芸術大学教授、美術工芸学科長。1953年京都市生まれ。現代社会の在り方を根源的に問う作品で世界的に活躍する一方、美術教師として子供の個性を生かす学びの場づくりに30年以上携わる。中高一貫の女子校教師時代は不登校などの生活指導にも手腕を発揮。バスケットボール部顧問として弱小チームをリーグ7部から1部に昇格させる。近年は「考え方を考える」をテーマに中学生向けのワークショップ（金沢21世紀美術館）をはじめ、幼児教育から高等教育まで幅広い年代の教育に携わる。瀬戸内国際芸術祭2013･2016では、小豆島･醤の郷＋坂手港エリアのディレクターを務め、アートによる持続可能な地域づくりのモデルを提示。アートと教育の側面から社会に問題提起を続ける。

シェルターからコックピットへ　飛び立つスキマの設計学

初版1刷発行　2015年4月30日

著者

椿昇

発行者

薗部良徳

発行所

(株)産学社

〒101-0061 東京都千代田区三崎町2-20-7 水道橋西口会館
Tel. 03(6272)9313　Fax. 03(3515)3660
http://sangakusha.jp/

印刷所

(株)シナノ

ISBN 978-4-7825-3400-7 C0036

カバーイラスト　中村真由美
編集担当　末澤寧史（産学社）、ヘメンディンガー綾
装丁　原田祐馬、山副佳祐（UMA / design farm）